SHODENSHA
SHINSHO

一生モノの受験活用術

――仕事に効く知識とノウハウ

鎌田浩毅
研伸館「受験活用術プロジェクト」

祥伝社新書

まえがき――受験は人生の役に立つ

人生において、大学受験は大きなイベントです。多くの人にとって教育を受ける最後の機会であり、社会へ羽ばたくための大事な一里塚でもあります。一方、既《すで》に受験を経験した人にとっては、過去の想い出でしかないかもしれません。

ところが、**大学受験で得た知識やノウハウは、決して小さなものではない**のです。むしろ一生役立つような重要な能力を、私たちはこの受験という「難事」を通過することによって身に付けたと言っても過言ではありません。

本書はこうした考えから、受験の経験を人生でいかに活用したらよいかをまとめた本です。受験を突破した大学生に京都大学で日々接している地球科学者の私と、大学生になろうとしている中高生を指導している関西の予備校、研伸館《けんしんかん》の先生方一三人が、共同でこのテーマに取り組んでみました。

タイトルの『一生モノの受験活用術』とは、私がこれまで書いてきたビジネス書のシリーズの「一生モノ」のコンセプトを表わしています。

たとえば、『一生モノの勉強法』『一生モノの人脈術』『一生モノの時間術』（いずれも東洋経済新報社）の中で、大学生やビジネスパーソンに必要な技術（ネットではよくライフハックとも呼ばれています）を詳《くわ》しく開示してきました。

ここで、**「一生モノ」には大事な意味が込められています。**すなわち、受験勉強はその場しのぎで合格のためだけにするものではなく、一生役立つような知識や勉強法を身に付けることが重要だというコンセプトです。

こうした考えに基づいて、祥伝社新書から『一生モノの英語勉強法』『一生モノの英語練習帳』（ともに鎌田浩毅・吉田明宏共著）を、二〇一三年と二〇一五年にそれぞれ出版しました。これは先述の「一生モノ」の単行本シリーズと、京大生向けの副読本として書いた『成功術　時間の戦略』（文春新書）と『ラクして成果が上がる理系的仕事術』（ＰＨＰ新書）の新書二作をベースにして、英語の勉強に関する所見を述べたものでした。

私が専門とする地球科学の観点からみると、日本は二〇一一年に大きな変化を受けてしまいました。すなわち、未曾有《みぞう》の災害となった東日本大震災以後、日本列島は千年ぶりの「大地変動の時代」に突入してしまったからです。

こうした状況を受けて、昨年末に『一生モノの超・自己啓発――京大・鎌田流「想定外」を生きる』（朝日新聞出版）を刊行しました。これは、世界中が「想定外」の時代に入った中でのビジネスパーソンの生き方を模索した本です。

そしてこういった変動の時代こそ、「一生モノ」の学習が必要とされることに異論はないでしょう。この学習の基盤に、日本人が好むと好まざるとにかかわらず経験する大学受験のための勉強が位置づけられるのです。

実は、多くのビジネスパーソンは既に経験していることですが、大学受験で学んだことは、決して無視できるようなものではありません。これは私自身が地球科学の研究の中で感じていることでもあります。その筆頭が、本書でも詳しく展開する英語力です（第10章を参照）。

社会に出てから行なう仕事の基礎の多くは、受験のために必死で学習した内容と密接に結びついています。頭が柔《やわ》らかい青春期に得た知識とノウハウは、「一生の宝」なのです。

つまり、人は一時期でも一所懸命に勉強したことは、そのあと忘却の彼方《かなた》に消えたようでいても、決して無《む》にはなっていないということです。

さらに、大学受験で身に付けた内容は、仕事に直接関わるものでなくても陰日向《かげひなた》に役立っています。すなわち、大学受験の「コンテンツ」が人生の教養の基盤にもなっているのです。

たとえば、世界史や日本史や地理の知識が、世界を読み解く際に重要な基礎知識となっていることに異論はないでしょう。また、国語で学習する古文や漢文は、日本と東洋の類似点や相違点を知る重要な手段です。

こうしたコンテンツとは別に、大学受験は効率よく新しい知識を入手する能力を身に付けることにも寄与しています。

最近、私はビジネス書の読者から、「大学受験ほど一所懸命に勉強した時期はなかった」という話をよく聞きます。この「一所懸命に勉強した」こと自体が、たいへん貴重な「能力」だったのです。目標を決めて受験日までに達成するという能力は、大学受験のみならずその後の人生で必ず役に立っているはずです。

よって、本書は「自分にはこんな能力があったんだ」と読者に気づいていただくことも目的にしています。**多くの読者は自分が既に経験したことの重要性に気づいていない**からです。

そして持っている能力に気づくことなく、劣等感を不必要に抱いているのです。その一つが、自らが体験してきた大学受験で身に付けた能力の「過小評価」ではないかと私は考えています。

既に搭載されている能力に改めて着目していただくことが、本書の大事な役割の一つなのです。言わば、**錆《さ》び付いているだけの能力を、磨《みが》き直して再活用していただきたい**のです。

よって本書のタイトルを受験の「活用術」としました。

昨年、先に挙げた『一生モノの英語勉強法』『一生モノの英語練習帳』の続編として、大学受験そのものを取り上げようという企画が持ち上がりました。そして筆頭著者の私が研伸館の先生方に声をかけて「受験活用術プロジェクト」が立ち上がったのです。

このプロジェクトのベースは以下の三点です。すなわち、私が筑波大学附属駒場高校から東大理科二類に現役合格した経験と京大教授になるまでに培《つちか》った学習技術、そして京大に合格した学生たちの学習法を二〇年ほど観察してきた結果、さらに研伸館で大学受験合格にめざましい実績を持つ各分野の先生方の経験、という三点です。

その結果として生まれた本書は、私と一三人の先生たちとの「コラボレーション」作品です。具体的には、以下に示すような第2章から第10章に挙げた研伸館所属の各教科の先生方から初稿をいただき、私がアウトリーチ（啓発・教育活動）の観点からわかりやすく、かつ大幅に加筆・修正を加えました。

なお、第1章「勉強の基本スタイル」は、これまで経験した勉強法・受験活用術・大学教育の経験を元に私が書き下ろしました（また、理科四教科のうち、私が専門とする地学に関しては鎌田浩毅著『地学のツボ』〈ちくまプリマー新書〉を参照していただきたいと思います）。

本書は、そもそも大学受験にはどのような意義があり、人生でどう活用すれば良いかに関して、受験活用術の「グランドデザイン」を解説したものです。ここでは私が研究者生活で培った「理系的仕事術」と「科学的思考法」も、随所で援用してあります。

欧米とは異なり、我が国の大学受験は人の一生を左右する影響力があります。そして日本人は大学受験によって学力の基礎を身に付けてきました。

本書は誰にとっても人生の一里塚である受験を対象にして、その意義と活用術を詳しく、かつ分かりやすく提示してみました。ここから、かつて勉強した大学受験の内容を思い出していただき、**受験勉強のポイントを今後の仕事と人生にぜひ活用していただきたい**と願っています。

二〇一六年三月

著者を代表して　京都大学教授　鎌田浩毅

目次

第2章　世界史——「イスラム」がわかれば「世界」がわかる

第3章　日本史——原因と結果の「複眼思考」を養う

第4章　政治・経済――戦後日本の選挙制度と政党政治の関係

第9章　国語——コミュニケーション能力を高めるための論理力

第10章　英語——受験時代の英語力を復活させる

第1章

勉強の基本スタイル

――「一生モノ」の勉強法をカスタマイズする

第1節　一生役に立つ勉強法

大学受験に合格するには一定の「勉強」が必要です。では、勉強の本質とは何でしょうか。私（鎌田浩毅）は高校生や大学受験生向けに毎年、勉強法に関する講演をしていますが、そのキーワードは「大学受験の勉強は一生役に立つ」なのです。そして、何を勉強するにも効果的な勉強法があることを力説しています。

私が最初にこのことを示したのは、『一生モノの勉強法』（東洋経済新報社）というビジネスパーソン向けの書籍でしたが、この勉強法は人生のどの時期にも当てはまります。

たとえば、多くの高校生は試験合格だけのために勉強すると思っていますが、**実は高校で教わる内容は一生にわたり役に立つもの**なのです。

この勉強には二つの項目があります。

「コンテンツ学力」と「ノウハウ学力」

一つ目は「コンテンツ学力」です。コンテンツ学力の「コンテンツ」とは、日本語に訳すと「内容・中身」という意味です。受験科目には、物理や化学、世界史や日本史、現代文や古典、英語などがあり、具体的な内容をたくさん勉強します。数学の公式や物理の法則でも、覚えた知識がそのまま使えるのはコンテンツ学力なのです。

さらに、英単語や歴史の年号、元素記号、生物の分類名、岩石の名称なども、すべてが世の中に出て必要なコンテンツになります。つまり、試験対策のために具体的に覚えた知識そのものが、社会に出るとあらゆる場面で大変役に立つのです。これがコンテンツ学力を習得する第一の意味です。

私自身、四〇年以上に及ぶ研究生活の中で、コンテンツ学力が役に立つことを身をもって実感してきました。現在、火山の研究論文は英語で書かれます。いまや英語は、世界共通のコミュニケーション言語となっていて、自然科学の世界ではほとんどの論文が英語です。

よって、研究を始めるには、まず英語が縦横無尽《じゅうおうむじん》に読めなければなりません。そして次に、自分自身の研究成果を英文できちんと書けなければなりません。これは、受験生が英作文をしているのとまったく同じ作業です。

また、私は海外で開かれる国際学会に頻繁《ひんぱん》に出かけますが、そこでは国際的な研究者やさまざまな団体の職員と議論する機会があります。そのとき、相手の英語を聞いて理解するヒアリングの能力が必須です。また、自分で英語を話して相手に理解してもらうスピーチの能力も同様に不可欠なのです。

つまり、読む力、書く力、聞く力、話す力の基本的な四つの能力が大切であり、さらに英語で書かれた長文の知見を日本語に要約する技術も必要とされます。これらのベースを身に付けられるのが大学受験の英語なのです。少なくとも、書く力と読む力は、受験勉強でしっかりと鍛《きた》えないと伸びないでしょう。

私がこれまで英語で論文を読んだり書いたり、また外国の研究者と会話したりできるのは、高校のときに必死になって勉強したからです。もし、あのとき英語を勉強しなかったら、海外に出て調査を行ない、英語で研究成果を発表することはとうてい不可能だったでしょう。そのくらい、受験で身に付けた英語力は仕事をこなす上で大切なのです。

私が教えている京大生について見てみましょう。彼らの英語力は大学合格まではトップクラスですが、受験を過ぎると格段に落ちてきます。というのは、大学に入ったら安心して、あまり英語を勉強しないからです。

彼らは四年生になり、大学院の入試で英語が必修となっているのを知って、あわてて勉強を再開します。その後、企業や官庁に就職してから、明らかな英語力の不足に悩んで各種学校に通っているのが実情です。

こうした状況を見て私は学生たちに、「**大学合格時の英語力まで戻しなさい。そのためにはまず受験で使った参考書を復習しなさい**」とアドバイスします。すなわち、大学受験で習得する英語のレベルはかなり高いので、手入れを怠《おこた》らなければずっと後まで役に立つものです。これがコンテンツ学力としての受験英語の強みなのです。

ノウハウ学力は、「取捨選択」の技術である

もう一つは「ノウハウ学力」です。ノウハウ学力とは、ひとことで言うと「勉強のしかた」です。

たとえば、学校の中間試験や期末試験、また大学入試に備えて、試験が行なわれる日までに何をどうやって勉強するかを考えます。つまり、要求されている勉強内容と期限に対して、合格点を取るという目標を設定します。それを達成することを通して、勉強のしかたに関するノウハウが身に付きます。これがノウハウ学力なのです。

特に、どうやって効率的に時間を使ったらよいかは、勉強をするプロセスで培《つちか》われます。

たとえば、いままでダラダラと勉強していた人も、高校三年生になるとシャキッとします。

「来年この大学に入りたいから頑張ってみよう」と、時間を無駄なく使うようになるのです。
そうなると、自分の時間の使い方全般が上手になります。これが、ノウハウ学力が身に付くということです。

また、受験勉強をすると、時間の使い方だけでなく、情報処理のしかたもうまくなります。社会に出ると、「情報の使い方が大切だ」としばしば言われます。今やインターネットでおびただしい量の情報が簡単に得られますが、大事なのはそれをどう使いこなすかです。

したがって、それらをうまく取捨選択しなければ、情報の洪水《こうずい》におぼれてしまいます。つまり、何が重要で何が不要かを的確に見分ける能力が、最も必要とされているのです。

こういった「取捨選択の技術」は、長丁《ながちょう》場《ば》の大学受験を乗り切ることによって身に付きます。逆に言えば、**こうした難事が人生になければ、ノウハウ学力はさほど身に付くものではない**のです。まず、受験勉強をこうしたプラスの側面で捉えていただきたいと思います。

受験のときに身に付けたノウハウは、これからの一生を支えてくれます。たかが受験と思うことなかれ。「一生の宝」になる技術が身に付く、人生で最も貴重な時期の一つなのです。

受験も仕事も「構造」は同じ

世の中には良い参考書がたくさんありますが、全部やるのはもともと無理な話です。だから、一冊の参考書を買ってきて、一年の間できちんと工夫して仕上げることが、大切になってきます。これは、どのように持ち時間を使うかということにもつながります。

こうして工夫した経験は、後に社会に出てからも、一生にわたって非常に役に立ちます。つまり受験勉強は、ノウハウ学力を身に付けるためには千載一遇《せんざいいちぐう》のチャンスだ、と私は考えています。

まとめると、ノウハウ学力とは、いかにコンテンツを身に付けるかについての「方法論」です。そして、科学者にはこのノウハウ学力に長《た》けた人が大勢います。私の研究者仲間の多くは、いずれも「理系の合理的センス」のある人たちです。

かつて私は、理系人のよく使うノウハウを一六の方法に分類し、『ラクして成果が上がる理系的仕事術』（ＰＨＰ新書）としてまとめてみました。たとえば、「棚上げ法」は強力な手段のひとつで、受験生のみならずビジネスパーソンがまず身に付けるべき技術、として紹介しています。

大学受験もそうですが、勉強にはいついつまでこれを身に付けなければならないという

「期限」があります。これは、ある納期までに製品やサービスを仕上げるビジネスパーソンのタスクと同じです。すなわち、どんな勉強でも仕事でも、成果を上げるための「構造」は同じなのです。

このように考えれば、高校で身に付けるコンテンツ学力とノウハウ学力が、社会に出てからも有益であるという理由がわかっていただけると思います。各教科のコンテンツに入る前に、こういった**学習上の「構造」をよく理解することがきわめて大切**なのです。

その「構造」について、次から詳しく解説していきましょう。

「戦略」と「戦術」

コンテンツ学力とノウハウ学力が身に付いてくると、自分は何が得意で、何ができるのか、がわかってきます。さらに、自分は何者で、どうやって生きていけばよいのかに関しても、おぼろげながらわかってきます。

それを知れば、自分が世の中で「貢献」できる道を見つけることが可能です。あまり意識されていないことですが、このように大学受験には、人生における非常に重要な隠れた役割があるのです。

ここで「戦略」という言葉を使ってみましょう。そして戦略には対《つい》になる言葉として、「戦術」があります。

「戦略」というのは、自分がどういう人生を送りたいか、また何になりたいかを考え、大きな枠組みを立てることです。そして、「戦術」というのは、数学はどの参考書にするのか、どのようなカリキュラムを組むのか、などを具体的に考えることです。

戦略と戦術は、もともと軍事上の用語ですが、今ではビジネスの世界でさかんに用いられる重要な考え方になっています。全体を見わたす大きな戦略と、個々の技術的な戦術の両方を意識することで、より効率的に勉強できるわけです。そして高校生の勉強にも戦略と戦術の二つは必要なのです。

戦略と戦術は、自分を「プロデュース」するという意味でも非常に大事です。「プロデュース」とは多くの高校生にはピンとこない表現かもしれませんが、「人生をつくりあげる」といった意味で捉えてください。

たとえば、自分が将来なりたいものをイメージし、文系・理系を選択するのは大きな戦略です。その上で、志望大学の入試科目でどうやって合格点を取るのか、を考えるのが戦術になります。

そういう意味では、**若いときから戦略と戦術の両方をしっかりと意識してほしい**のです。何事を行なうにも、その前に戦略と戦術を練ることを、私は京大生の全員に勧めています。

本当に集中するなら一時間が限界

次に、時間の上手な使い方、すなわち「時間の戦略」に関する具体的なテクニックを述べておきましょう。効率的な試験勉強をするために最初に大事な項目としては、時間管理が挙げられます。

まず、「頭をクリエイティブに動かすのは一日一時間まで」という方法論を紹介しましょう。勉強時間というのは、長ければよいというものでは決してありません。私が「一時間法」と呼んでいるテクニックですが、頭脳労働で上手に頭を使うための基本的な戦術です。

一日のうちに本当に集中して頭を使うことができるのは、実は一時間程度なのです。学者でも、政治家でも、また一日中フルに活動しているような芸能人でも、本当に集中して脳が働いている時間は、せいぜい一時間くらいなのです。

もし、ここで何時間も使うと、頭がへばってしまって次の日に影響が出ます。そこで大事なことは、絶対に頭を使いすぎないことです。この事実をはじめに十分理解しておくことが大切です。

クリエイティブな一時間は、何にも代《か》えがたい貴重な時間です。この一時間のために残りの数時間がある、と言っても過言ではありません。よって、勉強するコンテンツの中でも、最も頭を使うこと、最優先に習得したい内容を選んで、この一時間に組み込んでください。

そして、クリエイティブな一時間が終わったら、脳をクールダウンさせることを意識しましょう。ノートを整理したり、パソコンのデータ整理をしたりといった、あまり頭を使わない作業に取り組むのです。高校生だったら単語帳を作るのもよいでしょう。このような時間は、好きな音楽を聴きながらでもまったくかまいません。

優先順位を付ける

研究者としての私自身の経験でも、一日の中で頭が本当に創造的に働くのは、たった一時間程度です。したがって、この貴重な一時間に何をするかを、いつも真剣に考えます。

最も頭の働く時間を、最もクリエイティブな仕事に向けようというのです。その一時間を、みすみす無為《むい》に過ごしてはならないのです。

私の場合では、火山の調査研究をしていて、研究内容がまとまると学術論文を書きます。

英語の論文に書き上げて、何週間もかけてその英文を手直ししてゆくのです。

この作業には非常に頭を使います。だから、こういう仕事には、一日に一時間だけを使います。残りの時間は、資料を整理したり、岩石を機械にかけて分析したりする時間に用いるのです。

そのためには、まず時間に当てる仕事の価値を、常に把握している必要があります。直《ただ》ちにしなければならない仕事、あとでしてもよいが重要な仕事、暇なときにゆっくり楽しんですればよい仕事、などの区分けが、きちんと整理されて頭に入っていることです。

時間の二分法

まず、時間の戦略として大事なことは、「時間の二分法《にぶんほう》」です。頭をフルに使う時間と、流しの作業に使う時間に分けるのです。しっかり考えて頭をフルに使う時間は、自分が気合を入れて克服したい内容にのみ使います。

たとえば、数学の問題を解いたり、英語の長文読解がこれに当たるでしょう。それに対して、単語の暗記やノートの復習など比較的単純な作業をする時間には、それほど頭を使いません。

最高度に頭を使う作業を、このクリエイティブな一時間に組み込む。新しい科目や単元の勉強を始めるのもよいでしょう。そして、その時間が終わったら、さほど頭脳労働を要しない仕事や片づけをするようにします。

ノートに記した内容を整理したり、図表を作ったり、頭を使わない作業に当てるのです。要するに、必ず自分の持ち時間にメリハリをつけるのです。大事なアタマを節約することは、受験勉強でもたいへん重要なのです。

これに加えて、次のポイントは大事な仕事から最初にやる、ということです。仕事をする順番を、重要度に応じて付けるのです。つまり、**時間管理とは、仕事にプライオリティーを付けることから始まる**、と言っても過言ではありません。

なお、「プライオリティー」とは優先度という意味ですが、科学者の世界では一番大事にしている概念でもあります。したがって、何ごとにも優先順位を付けて行動してください、と言いたいのです。

実は、私たちがどのように時間を過ごすかというと、だいたい重要なことよりも緊急なことを先にやってしまいます。ここに大きな問題があるのです。

たとえば、「重要なこと」が来年三月に合格すること、「緊急なこと」が明日しないといけない宿題だとします。すると、**人はどうしても、重要なことよりも、緊急なことを優先してしまうのです**。

その結果、重要なことが、どんどん後回しになってしまう。そして、重要なことをする時間が不足してしまう。皆さんも思い当たりませんか？

しかし、重要なことを普段から優先して行なうようにすれば、こうしたことはなくなります。コツコツと重要なことから始めておけば、後になって時間不足に振り回されずに済みます。

こうしてみると、過去の失敗から学べることも、実はたくさんあります。自分の日常を振り返って考えてみてください。毎日少しずつ改善していけばよいのです。

一五分に限って集中する

他にも、集中力を生かすためのオプションを紹介しましょう。人間の集中力の持続時間を意識した「一五分法」と言われる手法です。最低の時間単位を一五分とし、その間は集中するというテクニックです。

たとえば、テレビドラマを見ていると、およそ一五分ごとにコマーシャルが入ります。これにはちゃんとした理由があります。人間がストーリーに集中できるのが一五分なので、そこでインターバルを置いているわけです。

逆に言えば、人間は最低でも一五分は、どんなに辛《つら》いことでも集中して取り組むことができます。だから、**とにかく一五分は頑張る。たとえ苦手な勉強でも一五分だけならば頑張ってもよいでしょう。**

あるいは、一五分ずつ次から次へと勉強する中身を変えていくのも、集中力を保つのには非常に効果的です。一五分ごとにゲームをクリアしたような達成感を味わうことが、「一五分法」をうまく使いこなすポイントなのです。

さらに、「一五分法」のアレンジとして、「四五分法」というテクニックもあります。四五分法というのは、まず六〇分の一単位を、四五分と一五分に分けます。問題集を解くのであれば、最初の四五分を得意な問題に割り当て、勢いに乗って勉強を進めます。そして、加速がついた状態で、最後の一五分で不得意な問題に一気に取り組む、というわけです。

私はこうした手法を簡便に「呼び水法」と呼んでいますが（『ラクして成果が上がる理系的仕事術』）、「呼び水法」を自分の持つ時間枠に当てはめて、システム化するのです。そして、この四五分がまさにこの呼び水に当たっています。

ここでのポイントは、最後に一五分問題を解いたら、それ以上は延長しないことです。スタートからの一時間ですべての勉強をやめるのです。

というのは、トータルで一時間を過ぎると、脳の集中にも限界が訪れるからです。何ごともやりすぎは停滞のもとになりかねません。

棚上げ法

大学は研究と教育の場ですが、日夜いかに知的生産を効率的に行なうかが勝負どころです。これまで私はさまざまな理系的なテクニックを使って仕事をこなしてきました。この中にはビジネスパーソンや受験生にも役立つものが多々あるので、研究者の卵たち以外にも使ってほしいと、私はずっと考えていました。

その目標は、なるべく苦労せずに仕事をこなして、良い結果を出すことです。合理的な思考法に基づく理系的仕事術と言ってもよいでしょう。

ちなみに、「理系的思考法の特徴は何ですか?」と聞かれると、私は「棚《たな》上げ法です」と即座に答えます。何かを調べていてわからないときに、一時的に棚上げして先へ進むことをいうのです。

棚上げ法は、数学でいえば、方程式の中に変数を置くことに相当するでしょう。代数ということば自体が、数字の代わりに変数を当てるので、棚上げ法そのものなのです。

ここで重要なことは、ある程度時間をかけて進まなければ、それ以上は拘泥《こうでい》しないということです。困難に直面したときの「見切り発車」が、そのポイントになります。

すなわち、いまわからないことは無理に理解しようとせず、とりあえず先へ進む手法。わからないことに出会ったとき、多くの人は疑問が解決するまで金縛《かなしば》りになってしまいます。こうなる前に、理解できない個所はさっさと飛ばして次へ行く、というのがその極意《ごくい》です。

実は、**先へ進んでみると、思ったよりも簡単に理解できる場合が多い**ものです。たとえば、本を読んでいてわからないときもそうです。読み進めてみると前の疑問が氷解した、という経験はないでしょうか。

多少の問題があっても「棚上げ、棚上げ」と明るく唱《とな》えながら、立ち止まらず先へ進んでみるのが私の方法です。棚上げ法は慣れると、意外に気持ちの良いものです。

では「棚上げ」をした後には、どうすればよいのでしょうか。簡単な例で説明してみましょう。近年『分数のできない大学生』という本が話題となりました。一見とんでもないことのようですが、そう目くじらを立てなくてもよいのです。ここでのポイントは、よく理解していない学生でも、実際に分数を使っているという事実です。

たとえば、分数の割り算の場合、「分母と分子を入れ換えて、かける」という操作を知っていれば何とかなります。すなわち、理解を棚上げして、「操作」だけ行なえばよいのです。

このように、棚上げしたあとには、直ちに具体的な操作に入ってみましょう。やっている間に、理解が徐々に追いつくのです。現実に使っていると、**あるとき忽然《こつぜん》とわかるというのは、実は勉強の快感**でもあります。

もし、調べものをしていて三〇分ほどしてわからないことは、そのあと五時間費やしてもわからないものです。このような時間を節約するのが、棚上げ法のコツです。

先へ進んでみると、あっさり解決したりする。そして全体像が見えてくると、まったく別の解決法が見つかることもあるからです。

「不完全法」の威力

「棚上げ法」と併《あわ》せて実践していただきたいのが「不完全法」です。仕事で一番重要なことは完璧な達成ではなく、まずは期限を守ることです。

実は、ノーベル化学賞や物理学賞をとるような画期的な仕事であっても、当初の計画を完璧に達成して発表されたものは皆無といっていいほどなのです。

私の場合には、論文や著書などアウトプットを出すことを、文部科学省から絶えず求められています。研究の世界では、一〇〇％のデータが揃《そろ》わなくても、一日でも早く論文を発表しなければならないのです。

一方で、完璧なクオリティでも、発表が他人より一日でも後になれば、研究の世界では評価がゼロになってしまいます。そのため一流の研究者は、たとえ不完全なデータでもそれを活かしてどのような成果が上げられるか、に勝負をかけます。換言すれば、クオリティと期限を天秤《てんびん》にかけて毎日作業しているのです。

おそらく、過去のノーベル賞級の研究も、その完成度は七割程度だったでしょう。考えるべきは、限られた材料で、いかにオリジナルな論文を一日も早く完成させるかということです。私を含め理系の研究者は、常に仕事の質と期限とのバランスを念頭においています。

多少のアラがあっても、期限までに許容範囲のクオリティで全体を完成させること。**時間をうまく活用できるのは、いい加減を「良い加減」と考えて使いこなせる人なのです。**

ここでは、どんなときでも「不完全になる勇気」を持つことが大切です。「棚上げ法」や

「不完全法」を実践することで、わからないことや、未達成なことがあっても、一気に進めることが可能になります。完璧を求めるあまり陥《おちい》る「不安の底なし沼」にはまることもなくなるのです。これは、メンタル面においても優《すぐ》れた戦術と言えるのではないでしょうか。

英文も「棚上げ法」で読む

棚上げ法は、英文や難しい古典を読む際にもきわめて有効です。辞書を引きながら、一語一語丁寧《ていねい》に和訳していくと、いつしか根気が続かなくなり、全体で何を述べているかさっぱりわからないまま時間切れになってしまうことがよくあります。

このような完璧主義の落とし穴に陥るのを、まさに棚上げ法によって防ぐことが可能です。

たとえば、英文読解の文中に出てきた「PHILOSOPHY」という単語の意味がわからなかったとしましょう。前後の文脈や、全体の内容を把握することを優先して、その単語についてはとりあえず飛ばして読む。

すると、「PHILOSOPHY」のだいたいの意味がわかってきたり、わからないまでもその意味を知る必要がなくなったりすることが多いものです。これが私の提案する「棚上げ法」

で、時間と手間を大幅に省くことができます。

ポイントは、すぐにはわからないことを後回しにして、できることからどんどん進むこと。そうしているうちに頭は回りだし、いつのまにか勉強がはかどることを狙《ねら》っています。

そして私は最後にこうつけ加えたいと思います。この「棚上げ法」は誰にも理解できるものですが、知っているだけでは意味がないのです。あらゆる場面で、まず使ってみてほしい。つまり、この方法で本当にうまくいくものかどうか、自分で実験していただきたいのです。

そして、**もしこの方法が駄目だったら、さっさと止《や》めればよいのです。**実験しながら確かめるというのも、私が京大生たちへ勧めている科学者の方法論なのです。

第2節　受験勉強のテクニック

ここから受験合格に向けて、個々のテクニックについて述べておきましましょう。先に解説した考え方をもとに、具体的な場面に対処する方法を考えます。

私が行なってきた「ラセン型勉強法」というものがあります。そのポイントは二点あります。

（1）まずはじめは、丁寧に読みこんで内容を理解しようとする。

（2）もし理解できなければ、いっとき棚上げする。完全に理解しようと拘泥せず、先に練習問題などを解いてみる。

実は、この二つは交互に行なうのがコツです。理解と棚上げとがラセンを描きながら、次第にわかるようになってゆくのです。すなわち、両者は車の両輪に当たるので、どちらかが欠けても前へは進みません。それでは、具体的に詳しく説明しましょう。

問題集をこなす意味

数学や理科では練習問題をたくさん解かせます。その意味は、初学者が理解しにくいところでは、まず操作に習熟させるためです。そもそも問題集をこなすとは、棚上げの練習をしているといっても良いくらいなのです。

ひとつ例を挙げましょう。高校の物理ではいちばん最初に「力と運動」を習います。「力は質量と加速度を掛け合わせたもの」という内容ですが、ここでつまずく生徒がかなり多い。つまり、質量って何？　加速度って何？　と考え込んでしまうのです。

しかし、ここで棚上げ法を用いて、「質量かける加速度イコール力」と、呪文《じゅもん》のように口ずさみながら練習問題を解いてゆくと、そのうちに中身がわかってくる。

質量とは、大人と子ども、スイカと桃、太陽と地球というような重さの違いを問題にしている、ということに気づくのです。たとえば、曲がり角で人とぶつかったとき、相手が大人だったら大ケガしますが、子どもだったら軽くて済むでしょう。この差異が力の違いなのだ、と理解できます。

まさに、質量の意味を棚上げしているうちに、わかってきたことです。このような棚上げ法を利用した演習は、理系科目をものにするときの鉄則です。私自身もこれで数学や物理の点が取れるようになりました（第７章の物理を参考にしてください）。

よく理解していなくとも、操作ができるだけでも、部分点が取れるのです。一点を争うような入学試験では、棚上げ法ができるかどうかで、結果に大きな差がついてきます。

実は、試験を勝ち抜く人は、一時的な棚上げがとても上手な人たち、と言っても過言ではありません。特に、科目数の多い大学の合格を目指す受験生には、必須の能力なのです。

私自身の経験からも、東大の課す全科目をこなすには、棚上げ法を用いて問題集を効率よく終えたのが良かったという記憶が残っています。とにかく、すれすれでも総合点で合格すればよいのですから。

この棚上げ法は、京大生たちにも成果を挙げています。毎年夏が近づくと、理系では必修科目の数学の講義に落ちこぼれる学生が、数多く出現します。しかし、ここで脱落しない学生は、みな棚上げ法を上手に使っています。理解と問題演習のラセン型勉強法が、ここでも威力を発揮しているのです。ぜひいまから、さっそく試してほしいと思います。

割り算法でスケジュールを組む

長期にわたって無理なく試験勉強を続けるには、気力や努力ではなく「システムに任せる」という姿勢が大切です。まずは、受験の「期日」と「勉強すべき内容」、そして自分の「持ち時間」を、それぞれきちんと紙に書き出してください。

自分に与えられた持ち時間の中での試験日の位置付けを、最初に明らかにします。あとはそこから逆算して、もう少し細かく一カ月・一週間・一日の単位でのスケジュールを設定していきます。

その際、取り組むべき勉強内容を、具体的に分類しておくことが先決です。どの科目をやるのか、どの問題集を解くのか、どの講習に通うか……。

Ａ３くらいの大きな一枚の紙にでも書き出していくとよいでしょう。具体的に分解してみることによって、スケジュールが立てやすくなります。それと同時に、スムーズに実際の行動に着手できます。

取り組むべき問題集や参考書が決まっている場合、締め切り日（試験なら受験日）までの持ち時間をもとに割り算するのが順当な方法です。これを「割り算法」といいます。高校で試した人も多いことでしょう。

ただし、帳尻を合わせようとして、一日に大量の項目を割り振っても挫折《ざせつ》を招くだけです。一日に進められる勉強量は、時間はもちろん、体力とやる気にも大きく左右されます。もし毎日の勉強時間を五時間などと設定しても、続かないのは目に見えています。

無謀な計画は、気持ちの空回りを招き、結局は取り越し苦労や劣等感につながります。それよりは、毎日一時間でもコツコツ勉強して、**「もうちょっとやりたいんだけど」というくらいでストップしておくほうが、はるかに長続きします**。

問題集に取り組むなら、無理に全問をこなそうとしなくてもかまいません。一問おきでも二問おきでも、最後まで完了させるスケジュールを組むのです。目標まで到達しやすいシステムを構築することがコツです。

つまり、計画にあたっては、一〇〇%の日程でスケジュールを組まないことです。スケジュールに二割くらいの余裕を見ておくことがポイントです。二割の余裕を〝遊び〟として確保しておき、スケジュールがずれ込んだときの調整期間とします。この調整期間がバッファー（緩衝《かんしょう》材料）となります。私は「バッファー法」と呼んでいますが、これだけのことで気分がずっと楽になります。

二割の〝遊び〟は、不測の事態に対応するためだけではありません。たとえば、行きの電車の時間は英語のヒアリング用に組み込んでも、帰りの電車では音楽を聴いてリラックスするという具合に、**一日のスケジュールの中にもしっかりと〝遊び〟を設けておく**のです。

つまり、〝遊び〟は仕事や勉強とは別に「楽しみの時間」として組み込まれていることが大切なのです。ここはそのまま息ぬきに使っても良いし、緊急時に仕事や勉強するバッファーとして役立てることもできます。

そうやって最初のシステム設定に頭を使えば、あとは試験日が決まっているのですから、たんたんと日課をこなしていくだけです。繰り返しますが、根性で押し切ろうと頑張らずに、ラクして成果を出すことがここでのポイントです。スケジュールを見積もったら、あとは問題集に向き合うだけでよいのです。

最初は復習からスタート

勉強がうまくいかないときには、自分の意志の弱さを決して責めないでください。悪いのは自分が作ったシステムだと思えばいいのです。システムがたまたま悪かっただけであり、私は何ひとつ悪くはない。**しかも、そのシステムはいつでも変えられる**のです。このように、システムをまるで、「人ごと」のように見なすことが大事なのです。

同じように、自分が立てた計画も、うまくいかなければ人ごとのように切り離してみましょう。そもそも計画に振り回されるということ自体が考えものです。スケジュールの遅れがプレッシャーとなり、ペースを乱しては元も子もありません。ここで完璧主義者になってはいけません。不完全に対して、勇気をもって受け入れることが大切です。

勉強や仕事に迷いが生じたら、システムに問題がないかをまず検証してみましょう。思い切って、システムを組み直すのも手です。自分の頭の中だけの話ですから、誰にも遠慮する必要はありません。

その際には、決められた科目の中で一番やりやすく、一番得意なことから着手するとよいでしょう。先に紹介した「呼び水法」をここでも活用します。

英語であれば、すでにスラスラと読みこなせるテキストから読み直す。ここでウォーミングアップを十分にしておきます。興《きよう》が乗ってきたところで、まったく新しい英文についての問題を解き始める、という感じです。

言わば、復習こそが「呼び水法」の最大のテクニックなのです。最初一〇%ぐらいは復習からスタートするのが、上手に軌道に乗せるコツです。ここでうまく動き出したら、新しいことにもチャレンジするポジティブな気分が湧《わ》き出してきます。

さらに、私は得意科目から勉強することを勧めています。得《え》てして人間というものは、不得意なものが気になる。そこから何とかしよう、と考えてしまうものです。しかし、もともと不得意なものは、なかなか捗《はかど》るものではありません。頭に入らないので、しんどくなったりします。そうなると挫折してしまうのです。

だから私は、得意な科目からまず始めることを勧めています。たとえば、日本史が得意で数学が苦手ならば、初めに日本史を三問だけ解いてから、苦手な数学を始めてください。そうすれば、ぐんと良い状態でスタートが切れます。毎朝、気分良く勉強を始めるというのは、とても大切なテクニックなのです。

出題者の意図を探る

いよいよ受験で試験問題にとりかかるわけですが、一問目を解こうとする前に、静かに考えていただきたいことがあります。それは、受けようとする試験問題が要求する意図は何か、ということです。すなわち、試験官の意図を探ることからスタートするのです。

受験参考書を例に取りましょう。参考書を買うと最初のほうのページに、解説が載っていることがあります。「この科目の試験はこういう内容の達成を要求している」という情報です。まず、そのページにじっくりと目を通してください。

実際の大学入試では学校別の過去問題集、いわゆる「赤本」と呼ばれる問題集があります。赤本を最初のページからめくっていくと、「傾向と対策」という解説のページが添えられています。そこには、「この大学はこういうことに関心があるので、それに対応した準備が必要です」と、きちんと書いてあるのです。

ところが、高校生の多くはそのページをなぜか素通りしてしまいます。過去問の一問目からすぐに解こうとするのです。

実は、あの解説にこそ、試験を突破するための重要な手がかりが記されています。なぜかというと、予備校の英語主任のような立場にある先生が、過去問を二〇年くらい研究した上で、解説を書いているからです。

だから問題の「傾向」を外《はず》しようがないのです。まさに試験官が要求しているポイントを、受験のプロの先生が書いてくれているのですから、ここを読まない手はありません。

ちなみに、大学入試で出題される問題の傾向は、あるようでないようなところがあります。そもそも作問している大学の教授たちは、「傾向」などあまり意識していません。よって私は、**「教授たちが考えてもいないことを、予備校の先生方は見事に『傾向』としてまとめている」**と感心することがよくあります。

おそらく、それぞれの大学入試で問われる知識の「外郭《がいかく》」のようなものを元にして、出題形式を過去の作問に合わせれば、その大学の問題「らしく」なるのかもしれません。

事実、東大と京大の英語の入試問題にはれっきとした違いがあり、それぞれ「傾向」がなくもありません（これについては『一生モノの英語勉強法』でも詳述しました）。つまり、これらを「傾向」と呼ぶのであれば、確かに大学ごとに一定の好みと法則はあるものです。

したがって、最初からむやみやたらに問題に取りかからない。これは試験勉強の際の鉄則です。まず、問題を作った人たちがどういう位置にいて、何を要求されているのかを冷静に考えることから開始しましょう。

そうすると、必要なことはそれほど多くはないことに気づきます。**最低限必要なことだけ満たせば、たいていの試験は通過できる**ことがわかります。

さまざまな資格を有することで知られる吉田たかよしさんは、衆議院議員の政策担当秘書としての経験から、資格に関わる監督官庁の意向を知っておくことも、合格の近道だと述べていました。

つまり監督官庁は、試験勉強を通じて自らの組織のビジョンを浸透させる狙いを持っているというのです。それを逆手《さかて》にとって、監督官庁のビジョンに沿った知識を身に付ければ、試験に突破する確率が高まる、というわけです。

たとえば、「幼稚園教諭」の資格は文部科学省の管轄《かんかつ》なので、教育やしつけに関する知識が必要です。ところが同じ就学前の子どもを対象とする資格である「保育士」の場合は、厚生労働省が司《つかさど》っているために、心と体の健全育成に重点が置かれています。このような違いを正しく知っておくことも大切です。こうした考え方は、大学受験でも役に立つ戦略なのです。

「最後の粘《ねば》り」が勝負を分ける

特に、試験に臨《のぞ》んで、私が重要だと思うのは「最後の粘り」というものです。これは私が大学受験を通じて身に付けたことでもあります。お終《しま》いまで試験問題を投げ出さずに、最後の一分一秒まで頑張って解答した人が合格する。これは今も昔も同じです。

大学入試では必ず部分点がもらえます。百点か零点かではないのです。**採点者は、解答用紙や計算用紙に書かれた途中の経過も見ています。**「ここまでできているから五点あげよう」というように、必ずできたところまでの点数が与えられます。

そして最後には、その一点が勝負になってくるのです。だから、最後まで頑張った人が合格できるというわけです。

社会に出てからも、最後の粘りが大切になってくるのは、大人たちはみんな実感していることです。つまり、人生で必要とされる**「最後まで粘る」という力を、受験勉強で身に付けることができる**のです。

完璧主義を捨てよ

問題集などは普通一年ほどかけてやるものなのですが、最後までやりきれなかったりします。意気込んで頑張っても、三分の二までしか進まないという結果に陥ることも多々あります。では、その場合には何が悪かったのでしょうか。

それは、最後までできるように、きちんと時間割の管理ができていないからです。自分の持ち時間を見て、二問飛ばしでよいから、お終いまで完了するスケジュールを立てる。何だったら、五問飛ばしでも、一〇問飛ばしでもいいのです。問題集の最後まで行き着くことが重要なのです。すなわち、先ほど述べた不完全法の活用です。

勉強に際しては達成感が何よりも大事です。 したがって、きちんと自分のできる範囲で、持ち時間を割り算して達成させることは、一番大切なことです。薄い問題集でもきちんとやりきれば、その科目を征服した気持ちになります。これがいずれ、得意科目にも発展していくのです。

ただし、ここで一つ注意していただきたいことがあります。一冊の問題集や参考書を中途半端に終えて次へ向かう、ということにはならないようにしてほしいのです。と言うのは、受験で求められる知識には、ある程度「上限」のような枠《わく》があるからです。

たとえば、受験で失敗するタイプの勉強は、ある本を中途半端にやって、効果があまりないからということで別の本にスイッチする。友達や親から良いと聞かされた他の参考書を用いるのですが、効果がないからと言って、またそれを中途半端にする生徒がいます。効果がないと言い続けながら、問題集や参考書を次々替えるのですが、これではいくらやっても身に付きません。こうした「負のスパイラル」にならないような注意がとても大切です。

特に、英語をはじめとして語学の学習においては先生によるこうした指導が重要で、ピアノの練習にたとえられることがあります。エピソードで説明してみましょう。

「ピアノが上手になりたいのですが、何をすればよいでしょうか？」

「しっかり練習をしてください」

「では、どのような練習をしたらよいのでしょうか？」

「最初の一曲が完璧に弾《ひ》けるようになったら、次の曲へ進んでください。それが完璧に弾けるようになったら、その次の曲を弾いても良いです……」

つまり、一つの曲が中途半端にしか弾けない状態で次の曲へ行ったのでは、いつまで経《た》っても上達しません。そして、完璧に弾ける曲が一〇〇曲ほどになったころには、新しい楽譜を手渡されても、初見でさっと旋律《せんりつ》を奏《かな》でることができるようになります。

英語の学習もそれとまったく同じです。一つの英文が完璧に読めるようになってから、次の英文へ行く。そしてそれが完璧に読めるようになったら次へ……といった繰り返しなのです。

こうした英文が五〇〇個くらい貯《た》まったら、新しい英文でもさっと読めるようになります。すなわち、このほうが短期的に効果を上げることができるのです。

英語であれば、一冊の単語本、一冊の文法書、一冊の英語構文の本、一冊の英作文の本、それぞれを完璧に習得していただきたい。この方法は英文を読むだけでなく、受験勉強そのものにも応用できます。

それができれば、試験中に知らない単語や問題が出てきても、「この単語は受験生の誰もが知らない」「この問題は捨ててもよい」と開き直ることができ、心の余裕が全然違ってきます。

そもそも試験場の精神状態で一番よくないのは、「この単語を他の受験生はみな知っているかも」「この問題が解けなかったら差が付くなぁ」などと考えて弱気になることです。

実際、**大学入試は満点で合格する必要はまったくありません**。よって、最も大切なことは、**「誰もが解ける問題は確実に解き、マイナスの差を出さないようにすること」**なのです。

こうした意味では、先ほど述べた「不完全法」そのものですが、その前には一冊の本を

「完全に」習得しておく必要があるのです。また、そこにこそ復習の重要性がある、とも言えるでしょう。

このように「不完全法」にはベース（基盤）があることも、ぜひ知っておいてください。

火山研究と受験勉強は同じ

実は、こうしたプロセスは私の地球科学研究でもまったく同じです。たとえば、火山のフィールドへ出かけていって、五〇〇個の岩石を採取してきました。でも五〇〇個すべてを分析しようとしたら、一〇年かかるとします。

一〇年もかけて一編の論文しか書けないのでは、あまりにも時間がかかりすぎです。それでは研究が古びてしまうからです。

ですから、来年ぐらいには何とか仕上げたい、と考えたら、そこでスケジュールを割り算するのです。来年まで最大何個まで分析できるか、を見積もり、その数が五〇個だとします。分析できるのが五〇個なら、集めた五〇〇個の一〇分の一です。この数をしっかりと終わらせて、まず当初の目的を達成する。

五〇〇個やらなければダメだと考えると、何も進みません。ここで**完璧主義に陥って途中**

で投げ出すよりは、一〇分の一でも完成させるほうが、よほど良いのです。私が分析した五〇個の結果を、他の火山学者も使えるということで、学問がまた進歩するからです。

それは、問題集を三問ずつするのと、まったく同じことでしょう。完璧主義を捨てて、できる方法で何とか最後まで完成させる。そうやって全体を効率よく摑《つか》めばいいのです。

たとえば、歴史でも古代からゆっくりと勉強して、江戸時代くらいで時間切れになる人がいます。ここで終わってしまい、受験で配点の高い明治・大正時代をやらなかったら、合格にはほど遠いでしょう。

話がすこし脱線しますが、私の出身高校（筑波大学附属駒場）の日本史の先生は変わった授業をしていました。明治時代の条約改正で活躍した青木周蔵《あおきしゅうぞう》の研究者だったのですが、この先生が校訂した『青木周蔵自伝』（東洋文庫）を一年間ずっと教科書に使って、ふと気づくと、それ以外の日本史はまったく教わりませんでした。よって、私たち高校三年生は自分で日本史の教科書と参考書を入手し、独学で勉強して大学入試に臨みました。

これは例外ですが、とにかく古代から現代まできちんと学習できる計画を立ててください。

これに関しては、大学受験で必ず課される英語学習でも同じことが起きます。「少しの単語を確実に」というだけのスタンスでは、合格に必要な語数にたどり着かないことが生じるからです。

したがって、単語学習本の最後のページまでたどり着き、できるだけ早く二巡目や三巡目の学習ができるようにするほうが、はるかに効果的なのです。たとえば、最初は荒っぽく、一単語に一つの意味で十分、と割りきって読み進めます。つまり、ここでも完璧主義は阻害要因となるので、最後まで行き着くことを優先します。

また、単語帳を作る場合にも、見出し、発音記号、品詞、定義語、掲載ページの全部を丁寧に単語帳に記入していく生徒がいますが、これはたいへん非効率的です。極論すれば、紙の表裏に英語と日本語を書いて、交互にひっくり返しながら暗記し、暗記が終わったらその紙は捨てる、くらいの大胆なほうが早く身に付きます。

『一生モノの勉強法』（東洋経済新報社）でも論じましたが、勉強の基本は良い意味での「手抜き」なのです。歴史を振り返れば、**人類の発展は「手抜き」と「楽をしたい気持ち」によって成し遂げられた、と言っても過言ではありません**。

実は、『ラクして成果が上がる理系的仕事術』という拙著のタイトルも、こうした考え方に因《ちな》むものです。「不完全法」が使えるビジネスパーソンは、みな仕事の巧者《こうしゃ》です。多くの新しい発明を生み出す可能性を秘めているとも思います。

そういう意味でも、受験勉強の中で「不完全法」を上手にマスターしていただきたいと私は願っています。社会に出てからも必ず役に立つと確信しているからです。

勉強法を「カスタマイズ」

大学受験のための勉強は、通常の学校の勉強とはまったく性質の違うものです。まず、学校では全員に同じことを教え、生徒は言われたとおりのことだけを勉強していきます。

一方、受験勉強は一人ひとりが志望校に特化した戦略を立てていかなければならない。つまり、受け身の勉強法から脱却して、主体的に自分の勉強をプロデュースしていかなければならないのです。

大学受験で最も大事なことは、合理的な勉強法のシステムが自分の中でできあがっていることです。しかも、こうしたシステムは無理なく長時間にわたって持続できるものでなければならない。

もし、今のシステムが不便だったら、新しいシステムに変えます。すなわち、勉強法を自分に合ったものへ「カスタマイズ」するのです。そのために各種の勉強法の本を参考にするのは非常に有効です。

ここで大事な点は、新しく採用するシステムは、現在行なっているシステムよりも必ず楽でなければならない、ということです。たとえば、**変更や整理のために人が費やすエネルギーというのは、実は莫大《ばくだい》なもの**です。

よって、新システムは、いずれもエネルギーが少ない場合に意味があります。確かに、世の中には勉強法の本がたくさん出版されています。その中にはよく書かれている本もあるのですが、かなり面倒なのでとても実行できない方法も多いでしょう。

そもそも勉強法を書いた著者自身がたいへん几帳面《きちょうめん》な人だから、話はよくわかるが自分には到底《とうてい》無理だ、という本が少なくないのも現状です。

実は、楽をするというのは、科学技術の基本にある考えかたです。もともと理系人は楽をしたがる人種なのです。しかも、システムとして世界の全体を見るという方法論も持っています。**科学者たちは「楽のできるシステムはないものか」と、いつも模索している**のです。

先に挙げた「棚上げ法」と「不完全法」は、私が提案するノウハウ学力のなかでも、最も省エネルギー型のテクニックです。心の消費エネルギーを減らすことのできる優れた勉強法を、ぜひみなさんが「カスタマイズ」していただきたいと願っています。

第2章

世界史

――「イスラム」がわかれば「世界」がわかる

第1節　東西の世界をつなげるのはイスラム

世界史を捉えるキーワードは「グローバルヒストリー」という視点です。

世界史は、各国の歴史や地域の歴史をただ個別に寄せ集めただけのものではありません。はじめは接点がない文明どうしが、時間をかけてその勢力範囲を拡大し、やがて関わりをもちはじめます。その結果、モノや文化が伝わり、時には戦いが起こります。世界がどうつながり合って動いていくのかを見ていく科目が、世界史なのです。

つまり、地球的な規模でさまざまな地域の相互連関を見ながら、世界の歴史を「名詞」的ではなく、「動詞」的に生きているものとして、大きな「流れ」の中で理解していくのです。

現在の大学受験の世界史で一番多く出題されるのが、ヨーロッパやアメリカなどのいわゆる欧米史、その次が中国史です。**これで大学入試の世界史の問題の七割近くを占めます。**

しかし、世界地図を思い浮かべてみてください。ユーラシア大陸の西の端《はし》（ヨーロッパ）と東の端（中国大陸）の歴史だけでは、世界史の本質は見えません。その間の広大な地域は、一体どうなっているのでしょう。そこがどうだったかがわかると、動きとしての世界史の理解が進みます。

本章ではテーマをぐっと絞《しぼ》って世界史の本質を考えます。ユーラシアの東西をつなぐ勢力はいくつかありますが、ここでは、ムスリム（イスラム教の信者）の国家や人々の流れを追いながら、世界史を見ていきましょう。イスラム教勢力の動きがわかれば、世界各地がつながることが理解できます。それができれば、世界史の本質にせまることができるはずです。

第２節　アッバース朝がつなげた広域ネットワーク

まず、世界史の中で大規模な「征服」であるイスラム教勢力による征服運動を、その成立から見ていきます。

イスラム教は「イスラーム教」、または「教」をとって「イスラーム」とも表記されます。イスラムとは「唯一神アッラーに己《おのれ》のすべてを引き渡して絶対的に帰依《きえ》・服従すること」という意味があり、その信者はムスリム、といいます。ここでは一般的によく使われる「イスラム教」の表記のままで進めたいと思います。

イスラム教は西暦六一〇年ごろ、乾燥の激しいアラビア半島のメッカで生まれます。アラ

図1　イスラム成立以前の6世紀のアラビア半島周辺

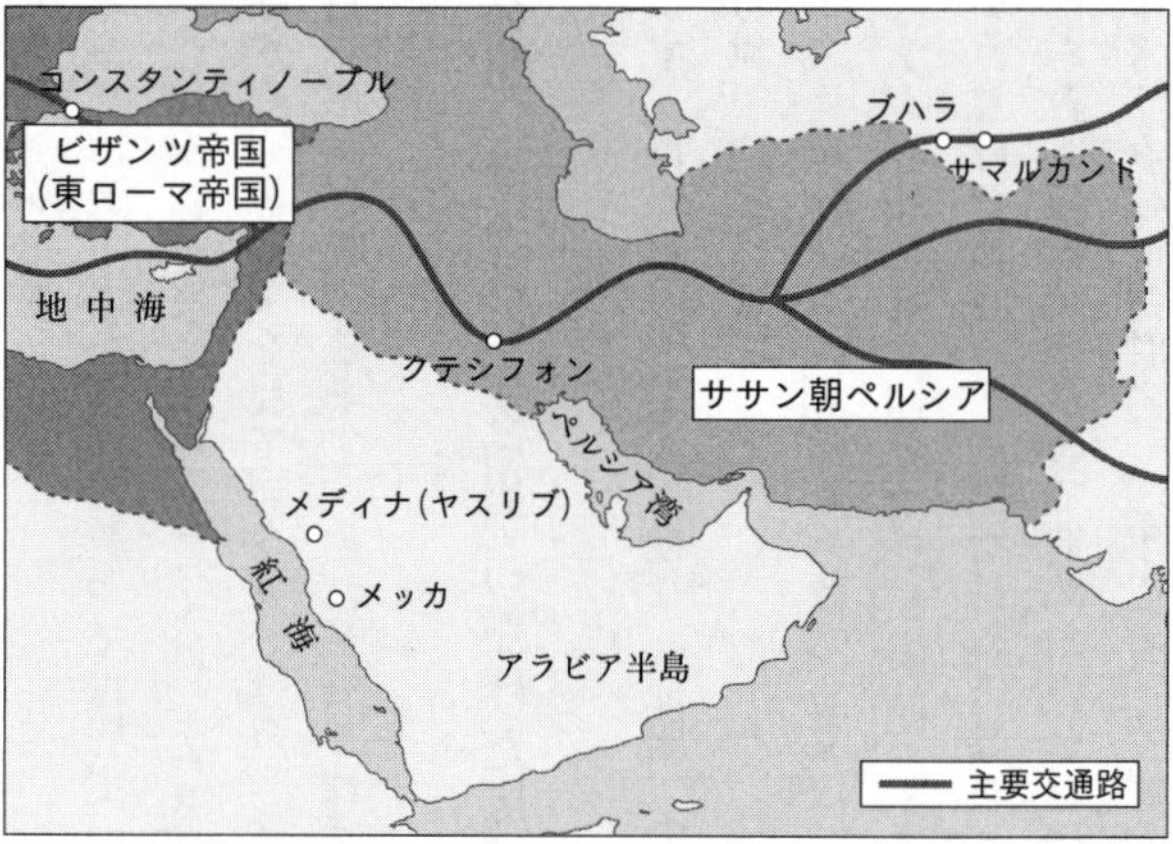

ビアとはヘブライ語で「荒地」という意味です。

アラビア半島は大部分が砂漠に覆《おお》われています。そこに住むアラブ人は、点在するオアシスを中心に遊牧や農業を営んだり、隊商による商業活動を行なっていました。

しかし六世紀にササン朝と東ローマ帝国（ビザンツ帝国）が争いを繰り返すと（図1）、東西を結ぶ「オアシスの道」（絹の道、シルクロード）は衰えてしまいました。その結果、「オアシスの道」などで取引されていた商品は争っている地域を避け、アラビア半島の沿岸を経由するようになります。

ムハンマドの登場とアラビア半島征服

そうした中で、中継貿易を独占したアラビア半島西部のメッカの商人たちが大きな利益を上げていました。そのメッカからイスラム教が生まれます。ムハンマド（マホメット）の登場です。

ムハンマドはもともとクライシュ族の商人でした。その彼が瞑想《めいそう》中に唯一神アッラーの啓示を受けたのです。そして神の言葉を「預言者」として人々へ伝え、アッラーへの絶対的帰依、ウンマ（宗教共同体）の樹立を訴えます。

どのような時代でも、新参者は時の為政者に疎《うと》まれます。ご多分にもれず、ムハンマドも迫害を受けました。しかし、一度離れたメッカを軍事征服した後、アラビア半島の遊牧民をまとめ上げ、アラビア半島をほぼ一つにします。

蛇足ですが、ここで商人が遊牧民をまとめたということは、とても面白いことなのです。七世紀から一四世紀ごろは歴史学者アーノルド＝トインビーが「遊牧民爆発の時代」と呼んだ時代で、遊牧民が活躍してユーラシア世界を統合した時代です。

この頃、遊牧民は砂漠とその周辺から現われて、主にラクダを使ってユーラシアを席巻《せっけん》していました。世界を動かしたのは今も昔もビジネスマンですが、歴史の表舞台に商人が出た面白い出来事の一つです。

ところで、世界史の中で大規模な「征服」というと、

（1）前四世紀のアレクサンドロス大王の東方遠征

（2）七世紀以降のイスラム教勢力による征服運動

（3）一三世紀以降のチンギス＝ハンからのモンゴルの征服

あたりが代表的です。そして（2）と（3）が遊牧民爆発の時代なのです。

さて、イスラムを作ったムハンマドの死後は、再び遊牧民の活躍です。後継者・代理人の意味を持つ「カリフ」が選挙によって選ばれ（「正統カリフ」時代）、そのカリフのもとで、アラブの遊牧民が主力となり大征服運動が展開されます。

その運動はイスラムを広めるための聖戦で「ジハード」と呼ばれます。神のために死ねば天国に行けると説かれた兵士たちの士気は高く、死を恐れず、殉死も厭《いと》わない戦いを見せました。

図2　正統カリフ時代のイスラム勢力の拡大

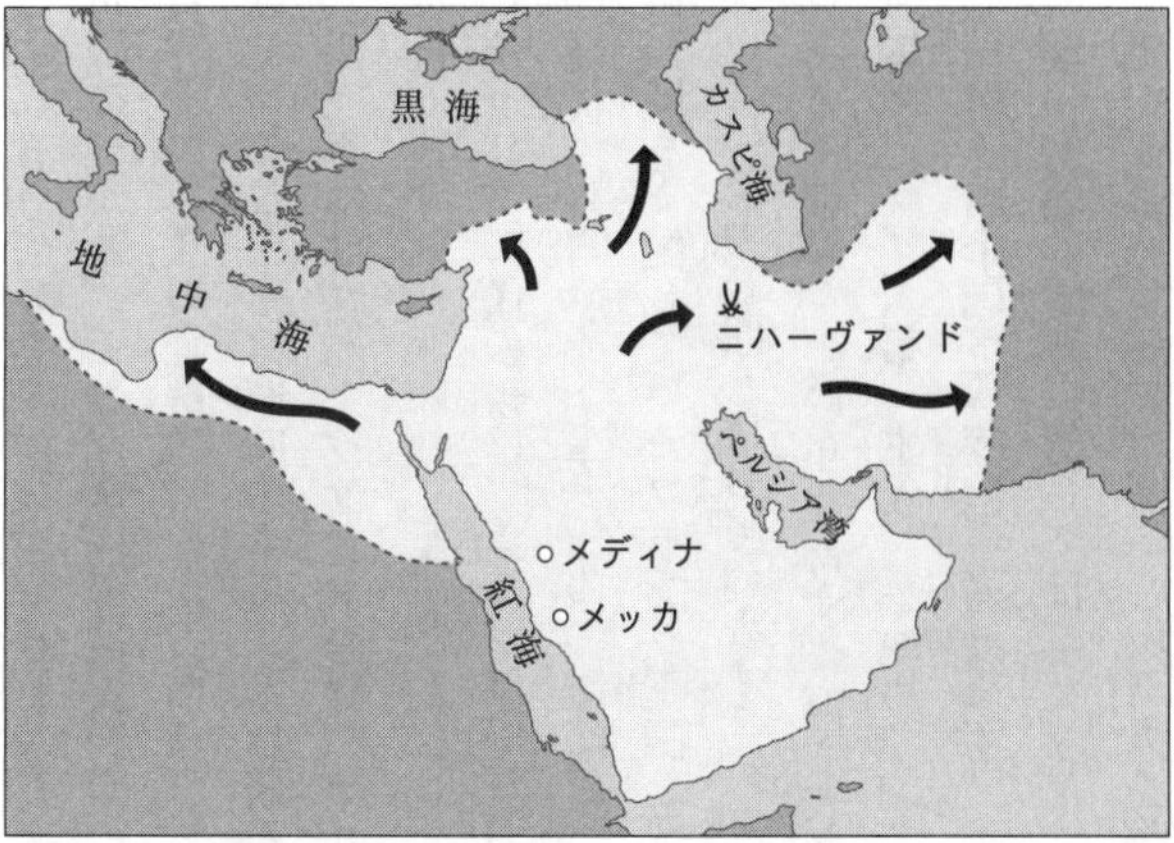

また、戦利品を手に入れた場合、五分の四は兵士たちものになったので、その意味でも士気は高かったようです。

「アラブ帝国」から「イスラム帝国」へ

ここで賢いイスラムの戦略を見ていきましょう。先ほど述べたようにイスラム成立の前からオアシスの道（絹の道・シルクロード）を巡って争っていたビザンツ帝国（東ローマ帝国）とササン朝ペルシアは長年の抗争により疲弊していました（図1）。これらをイスラム教団国家は攻撃し、勢力を拡大していきます。

ビザンツ帝国を破り砂漠の交易の中心であるシリア、穀倉地帯であったエジプトも征服し、北アフリカ方面へ手を伸ばします（図2）。

これによってかつてローマ帝国が支配していた地中海世界は、キリスト教世界とイスラムの世界に分かれ、それ以降は二度と一つになることはなくなりました。こうした事象の理解が世界史の本質の理解につながるのです。

さて、ここからは興味のある人だけ読んでください。読み飛ばしても問題はありません。六四二年にはニハーヴァンドの戦いでササン朝に壊滅的打撃を与え、ペルシア（イラン）を支配します。

正統カリフ時代の後は、カリフ位が有力者の世襲となり、王朝がつくられます。ウマイヤ朝の時代（六六一年〜七五〇年）になると、その勢力は、西はイベリア半島にまで至って、当時西欧を支配していたフランク王国と戦い、東はインドや中央アジアにまで広がり中国王朝（唐）の勢力範囲と接しています。

ウマイヤ朝が一〇〇年もたずに倒されると、その後のアッバース朝（七五〇年〜一二五八年）は「アラブ人第一主義」をやめ、「アラブ帝国」からイスラム教の法によって統治をする「イスラム帝国」へ変貌《へんぼう》を遂《と》げます。イスラム教の信者であれば民族には関係なくみな平等、他の宗教の信者に対しては「ジズヤ」という人頭税を払えば信仰を認めます。

七世紀から八世紀には、一〇〇万人を超えるアラブ人が、アラビア半島からシリア・エジ

図3　ウマイヤ朝・アッバース朝の勢力範囲

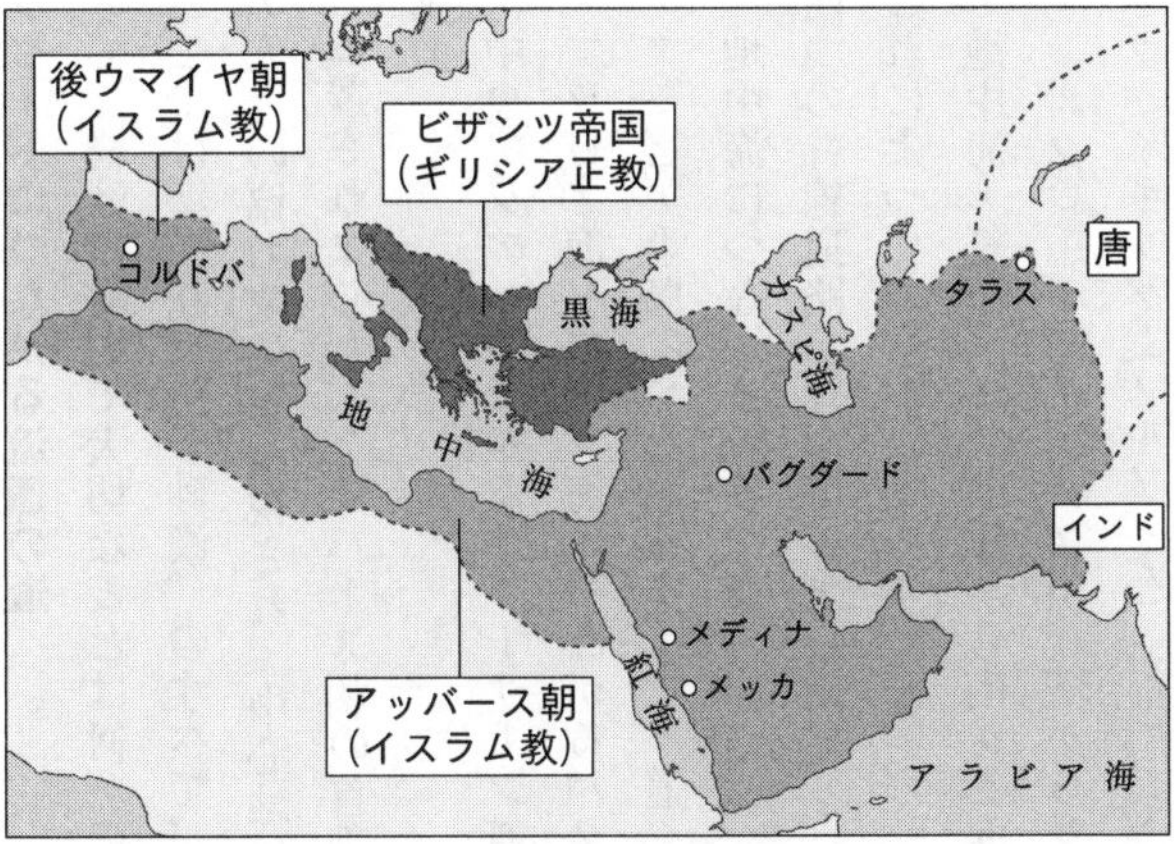

プト・イラク・イランに移住したとされます。

このアッバース朝の勢力範囲は、ヨーロッパ世界と中国やインドをつなぐような勢力範囲です（図3）。つまり、東は中国王朝の唐と接しています。唐とアッバース朝は七五一年にタラス河畔《かはん》の戦いで争っています。このとき、唐の捕虜の中に紙漉《す》き職人がいたことから製紙法が西方へ伝播《でんぱ》します。こうして軍事征服の時代が一段落しました。

軍事征服が終われば今度は経済の面でのつながりが生まれていきます。アッバース朝のもとで、ユーラシア大陸からアフリカ大陸にまでまたがるムスリム商人の陸・海の広域商業圏が成立します。

バグダードにつながる流通の道

さて、経済の支配で大切なことは何かご存じでしょうか。それは流通の道の整備です。

ここでは海、陸、川、砂漠、のすべてが整備されました。つまり、アッバース朝ではペルシア人との協力関係が重視され、中心地はダマスクス（現シリア）からバグダード（現イラク）に遷《うつ》されました。アッバース朝の首都バグダードは円形の城塞《じょうさい》で、城壁には四つの門があり、

・中央アジアへつながるホラーサーン道
・アラビア海・アデン海につながるバスラ道
・アラビア半島につながるクーファ道
・地中海につながるシリア道

の四つの幹線道路が延びていました。

これによって、

・地中海・紅海・インド洋から南シナ海に至る海域
・シルクロードやインダス川流域からシリア・エジプト・イベリア半島に続く陸路
・ヴァイキング（ノルマン人）が担《にな》っていたバルト海とカスピ海を結ぶ「川の道」

図４　アッバース朝が広げるネットワーク

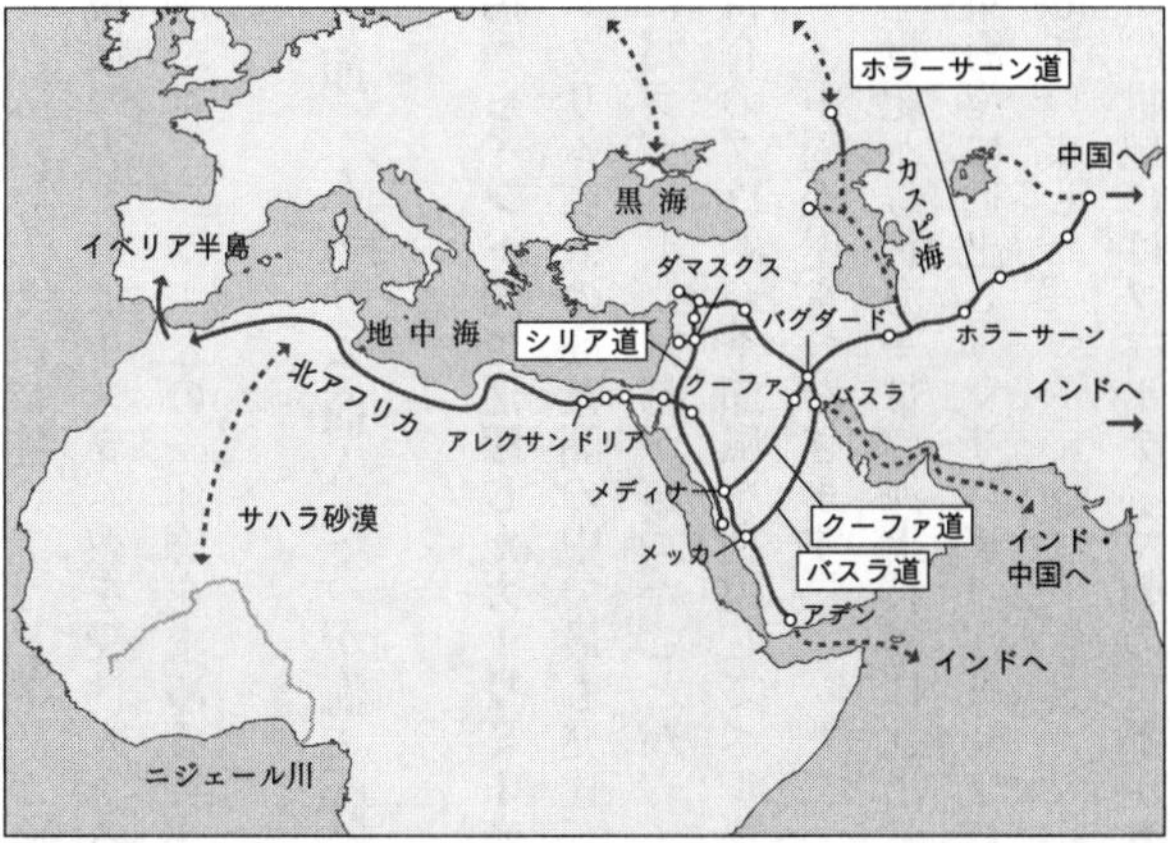

・サハラ砂漠で掘り出された岩塩とニジェール川上流の金を交換する縦断交易路

が最終的にはすべてバグダードにつながっていきます（図４）。

　アッバース朝の第五代カリフであるハールーン＝アッラシードのときには、バグダードは人口一五〇万を超える大都市になりました。かつてのローマ帝国の「パクス＝ロマーナ（ローマの平和）」になぞらえて、いわゆる「パクス＝イスラミカ（イスラムの平和）」が形成されたと言われます。この各地とのつながりはローマ帝国の数倍の広さでした。

　ムスリム商人の活動範囲が広がることで、それぞれの地域でイスラム教に改宗する人々も増え、イスラム圏は拡大していきます。『コーラン』が広がり、それに伴いアラビア語が広がります。

現地の人々にはイスラム教を受け入れる際に難しいことが理解できなくてもよい、感覚的に唯一神アッラーとの一体感を求める神秘主義（スーフィズム）を中心に広がりました。

第3節　ムスリム商人たちが海も陸もつないだ

紅海からインド洋で活躍したカーリミー商人

ムスリム商人の商業圏の中で最も発達したのが「海の道」の商業圏でした。八世紀後半以降にバグダードに首都が移ったことが、インド洋海域が栄えるきっかけでした。イスラム世界特有のダウ船が季節風を利用してペルシア湾と東アフリカ、ペルシア湾とインド・東南アジア・中国沿岸をつなぎます。

七世紀から紅海一帯の海上貿易に進出し、八世紀後半のアッバース朝時代になるとアフリカ東海岸に進出し、マリンディ、モザンビークなどのアフリカ東海岸の海港都市で交易に従事していました。

一〇世紀にはファーティマ朝の首都がカイロに置かれ、イスラム世界の政治・経済の中心となります。カイロから紅海を経由してアラビア海に抜ける紅海ルートの貿易が盛んになりました。

この地域で活躍したムスリム商人をカーリミー商人と呼びます。彼らは胡椒《こしょう》、香辛料、陶磁器、砂糖などを扱いました。彼らの活動はアフリカ東海岸からアラビア、ペルシア湾、インドを結ぶインド洋交易圏の全域に及びました。

アフリカ東岸には現地のバントゥー語とアラビア語などが混ざって、スワヒリ語が共通語として使用されるようになりました。インド洋交易ではアフリカ東岸からの黒人奴隷貿易も行なわれました（図5）。

アジアとイスラムの接点

一三世紀にはモンゴル帝国がユーラシア大陸の大半を支配します（図6）。その一三世紀・一四世紀にもイスラム教の人々の役割は重要なものとなります。中国南部の沿岸海域では海外貿易が進み、ジャンク船が建造されて東南アジア・インド周辺との通商が進みます。

中国商人は南インドまで進出し、ムスリム商人との交易圏と共存します。中国からの産物といえば絹織物が代表的ですが、多くの陶磁器（china）も代表的な輸出品となります。

原
ジュンガル盆地
モンゴル高原
バルハシ湖
天山山脈
ゴビ砂漠
疏勒《みろく》
クチャ
タリム盆地
玉門関
敦煌《とんこう》
張掖《ちょうえき》
北京
黄河
パミール高原
ホータン
長安
洛陽
チベット高原
長江
ヒマラヤ山脈
ガンジス川
広州
南シナ海
ベンガル湾
マラッカ
マラッカ海峡

図5　ユーラシアの東西をつなぐ海の道

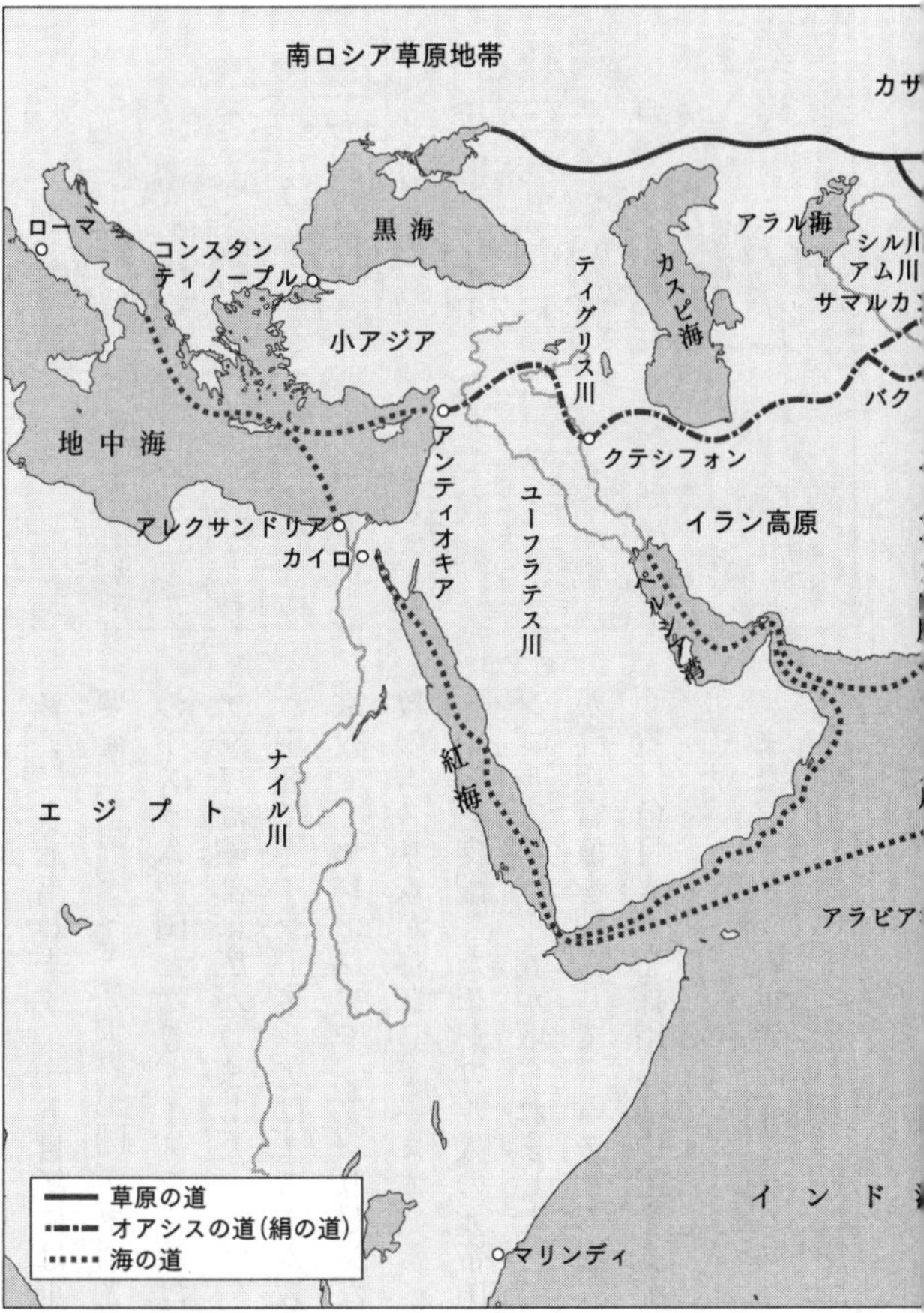

図6　モンゴル帝国の勢力範囲

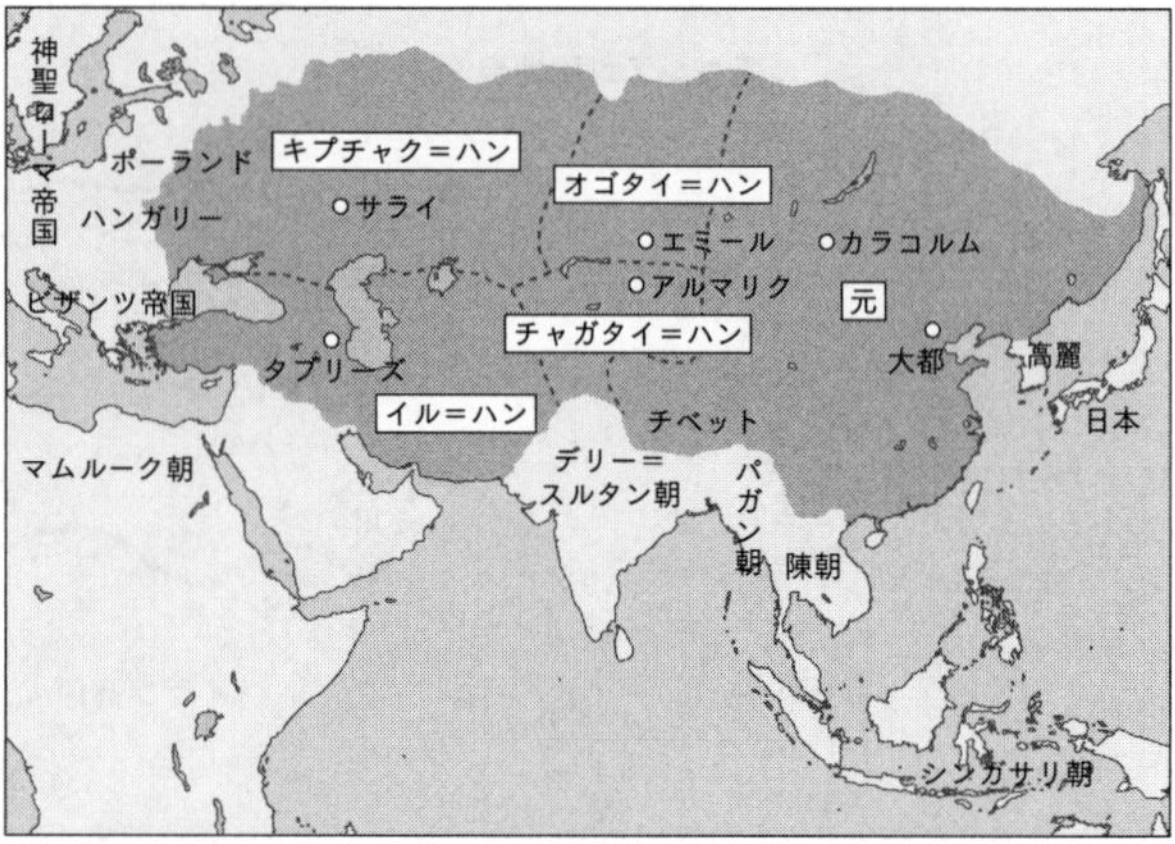

ムスリム商人はインド洋交易圏を経て東南アジアにも進出します。一五世紀には東西交通の要衝《ようしょう》であったマラッカ王国が東南アジア最初のイスラム教国となり、イスラム教は広く東南アジア島嶼《とうしょ》部に広がりました。

現在でもインドネシアはイスラム教が最大の宗教で、マレーシアや、フィリピンなどでも多数のムスリムが存在しています。

中国を支配したモンゴル人の元《げん》帝国では、モンゴル人第一主義が取られました。モンゴル人が高級官僚を独占して、ムスリム商人を中心とする「色目人《しきもくじん》」を採用して中国を支配していきました。

また、イスラム世界の文化がムスリム商人などを経由して中国に伝わり、逆に中国の文化がイスラム世界に伝わるなど、文化の交流が盛んになりました。

教科書に出てくる内容であれば、イスラムから暦《こよみ》が伝わって元の時代の授時暦《じゅじれき》が作られた、中国絵画の技法がイスラム世界に伝わり細密画(ミニアチュール)に影響を与えた、といったことなどがよく知られています。

第4節　身近にあるイスラム由来の言葉

ユーラシアのほぼ全域にイスラム教徒による商業圏が生まれ、このように人やモノが行き交うようになると、イスラム世界は貪欲に各地の文化を吸収し、発展させ、各地に伝えていきます。

英語の中にアラビア語などのイスラム世界由来の言葉が多く見られます。アルコール(alcohol)、錬金術(alchemy)、代数学(algebra)、十進法(algorism)、アルカリ(alkaline)、平均(average)、zero(ゼロ)など。al はアラビア語の定冠詞なので、イスラムから伝わったのかな、と想像がつく方もいるかと思います。

イスラム世界から中世のヨーロッパにさまざまな文化が伝わりますが、一一世紀以降に西ヨーロッパ世界がレコンキスタ（国土回復運動）や十字軍などで拡大すると、アラビア語の文献がラテン語に翻訳されて西ヨーロッパに伝わり、大きな影響をもたらしていきます。

イスラム世界は数学や天文学など科学が発達していたので、アラビア語に由来する言葉がたくさん使われていったといわれています。

中世においては、ヨーロッパの砂糖はムスリム商人から多く輸入されていたので、英語などに見られる砂糖やそれに関連する言葉もイスラム由来です。砂糖（sugar）、シロップ（syrup）、飴《あめ》（candy）などもそうです。イスラムの影響が身近なところにもあったことに驚かされます。

ここで大学受験の入試問題では、イスラムの文化の伝播《でんぱ》はどのように出題されているか、見てみましょう。

東京大学では「文化の伝播」についてよく問われ、似たテーマが何度も論述問題で出題されています。一九九八年度の一問一答の問題文にも「スペインのトレドでは、一二世紀になると、科学や哲学の書物が活発に翻訳された。こうした翻訳書がパリなどに流入することで、中世スコラ学は飛躍的に発展した。この場合、主として何語から何語へ翻訳されたのかを記せ。」とあり、これ以外にもさまざまな形で出題されています。

二〇一一年にはイスラム文化の伝播に関する問題が、長文論述問題（一七行以内＝五一〇字以内）として出題されています。

次に挙げるのは短文の問題です。どのように出題されているか見てみましょう。


ビザンツ世界やイスラム世界と異なり、中世の西ヨーロッパは古代ギリシアやヘレニズムの文明をほとんど継承しなかった。ギリシア・ヘレニズムの学術文献が西ヨーロッパに広く知られるようになるのは、一二世紀以降である。これらの学術文献はどのようにして西ヨーロッパに伝わったのか。三行以内（九〇字以内）で説明しなさい。（東京大学二〇〇五年出題を一部修正）

《解説》
イスラム世界から西欧へ文献が伝わる際にアラビア語からラテン語に翻訳されますが、その中心は、西欧がレコンキスタ（国土回復運動）で奪回したイベリア半島のトレドでした。
かつてイスラムに支配されたシチリア島からも、文献が西欧に伝わってきます。

ノルマン人が移動し、イスラム圏だった地域に両シチリア王国を建設しました。中心はパレルモで、ここからアラビア語文献が翻訳されて伝播します。こうしたイスラムの文化や、西欧古典文献の逆輸入で西欧文化が発展し、一二世紀ルネサンスといわれる発展をしていきます。

《解答例》
ビザンツ帝国から西欧の古典が伝わり、またレコンキスタで獲得したイベリア半島のトレドや、両シチリア王国のパレルモを通じて、古典文献がアラビア語からラテン語に翻訳されて西欧に伝わった。（九〇字）

いかがでしたでしょうか。**世界史の本質がわかっていると、きちんと解答できる良い出題だと思います。**

第5節　イスラム由来のコーヒーとフランス革命

今、コーヒーを片手に本書をお読みになっている方もおられるかと思います。私たちに身近なコーヒーも、イスラム教と大きく関連があります。

コーヒーは東アフリカ原産で、エチオピアの奥地では現地の人がコーヒー豆を煮て食べていたと考えられています。やがてコーヒー豆は、海を挟んだ向かいのアラビア半島に伝わります。

コーヒーははじめ、一般の人々には広まらず、イスラム寺院で秘薬として飲まれていたようで、特にイスラム神秘主義の人々によって愛飲されていきました。眠気を覚ます薬のような感覚でしょう。

スーフィー（神秘主義者）の人たちが、夜の礼拝のときに回し飲みをしていたそうです。アラビア語で「カフワ（欲望を減退させる飲み物）」と呼ばれていました。まだ焙煎《ばいせん》はしていなかったようです。

一三世紀になると、豆が炒《い》られるようになります。その香りや風味が多くの人に好まれるようになりました。一五世紀にはイスラム世界全体に徐々に広がっていきました。カイロの大学や、メッカでも礼拝の際にコーヒーを飲んでいたことがわかっています。

一六世紀にオスマン帝国（オスマン＝トルコ帝国）にコーヒーが伝わりました。アラビア語だった「カフワ」はトルコ語で「カフヴェ」と呼ばれるようになります。この頃は焙煎して砕《くだ》いた豆を煮だして飲んでいました。トルココーヒーと呼ばれます（二〇一三年にユネスコの無形文化遺産として、トルココーヒーの文化と伝統が登録されています）。

オスマン帝国の支配下にあったダマスクスなどでコーヒー店が開かれ、イスタンブルにも店が現われます。一六世紀後半にはイスタンブルのコーヒー店は六〇〇軒を超えていたと言われています。

こうしたコーヒー店では庶民や知識人が集まり、語り合い、文学作品の発表を行なったりする社交場となりました。

オスマン帝国を訪れたヨーロッパの商人たちは、コーヒーの存在を旅行記などでヨーロッパに伝えます。また一七世紀前半にヴェネツィア商人を介して、コーヒーはヨーロッパ各地に伝わっていきます。ヨーロッパでは覚醒《かくせい》作用に注目が集まり、また万能薬のように紹介されるなどしました。

ヨーロッパでコーヒーの需要が高まると、コーヒー豆の生産や取引は盛んになり、そのためヨーロッパ諸国の植民地では、奴隷を使ったプランテーションでの栽培が盛んになっていきます。

フランスでは一七世紀ごろから多くの「カフェ」が生まれました。パリでは一八世紀には六〇〇軒以上のカフェが営業していたといわれます。イギリスでは「コーヒーハウス」ができ、一八世紀のロンドンでは二〇〇〇軒以上の店があったと言われています。

カフェやコーヒーハウスでは新聞や雑誌を自由に閲覧《えつらん》することができ、単に飲食をする場でなく社交・交流組織として機能し、そこに集った人たちは政治・経済・文化など多様な議論を交わしていきました。そうした中から世論が形成され、さまざまな新思想が生まれたと言われています。その後のヨーロッパに多大なる影響をあたえる「啓蒙思想」もその一つです。

絶対王政の時代、特に王権が強かったフランスでは、人々は当時の身分制の厳しい社会（旧制度：アンシャン＝レジーム）への不満を募らせていました。その人々の不満を啓蒙思想が後押しし、フランス革命へとつながっていくのです。

フランス革命では人々は自由や平等、基本的人権、所有権の不可侵など、近代市民社会の基本原理を作り上げるきっかけとなっていきます。

イスラムから広がったコーヒーが世界を動かし、歴史に関与していることを知ると、世界史のもつダイナミズムを感じることができます。

第6節　イスラム教は、なぜ広がったのか

では、なぜここまでイスラム教が広い範囲に広がり、世界中をつなぐ役割を果たすことができたのでしょうか。

一つはきわめてシンプルであったことが考えられます。アラビア半島の周辺には、キリスト教のビザンツ帝国、ゾロアスター教のペルシアがありました。しかし宗教が力を持ち、民衆を圧迫することもありました。

それらの国々をイスラム教国家が支配したとき、その抑圧から解放されたい民衆からは熱狂的に受け入れられたと思われます。イスラム教には神と人間を隔てる聖職者はいないし、神殿もない。ムスリムであれば、どんな民族も階層も神の下に平等でした。ただアッラーへの信仰があればよかったのです。

もう一つには彼らが本来持つ「寛容さ」のためであるとも考えられます。イスラムというと、過激で不寛容な印象を持つ人も多いと思います。しかし**異教徒への排他的なイメージは後世に西洋人によってつくられたもののようです**。

イスラム国家の征服軍は、征服地に対して「コーランか、貢納か、剣か」と三通りの選択を迫ります。（一）イスラムに改宗する、（二）人頭税（ジズヤ）を払って、従来の自らの信仰を維持する、（三）これらを拒否して最後まで戦うか、です。改宗すると高い税金を払わなくて済むと考えた民衆には、改宗する人が多かったのもうなずけます。

こうしてイスラム教は世界に広がり、世界史を語る上で欠かせない存在になったと言えるでしょう。

第７節　パレスチナでの対立は根深い

現在の世界情勢を見る際に欠かせないのが中東情勢です。アメリカで起こったイスラム過激派による二〇〇一年九月一一日の同時多発テロは、世界中に映像が流れ、鮮明に記憶されている方もいるかと思います。

図7　パレスチナ

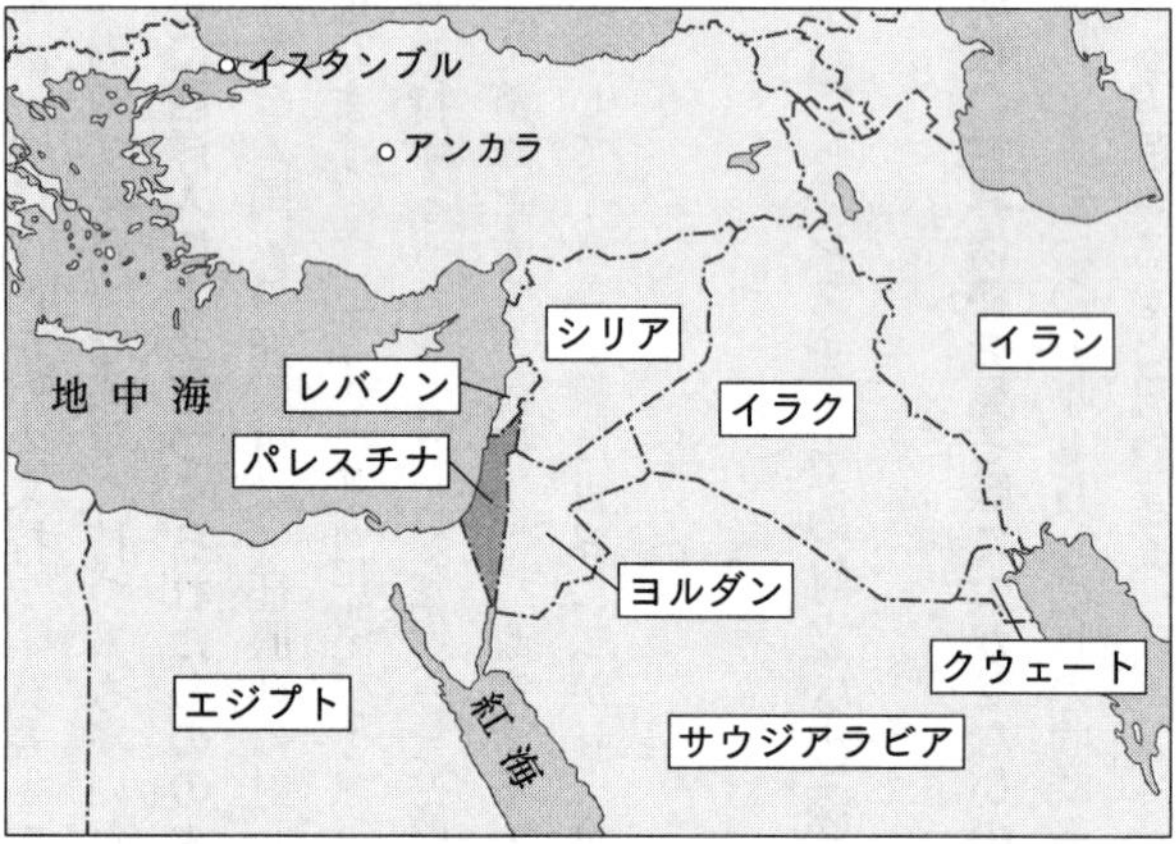

こうしたアメリカとイスラム勢力の対立で重要な出来事の一つが「パレスチナ問題」です。パレスチナ問題を知るためにはかなり昔、今から三〇〇〇年以上前の話まで遡《さかのぼ》る必要があります。

パレスチナは『旧約聖書』ではカナン（カナーン）と呼ばれました。この地はヨーロッパ、アジア、北アフリカ、アラビア半島、地中海などをつなぐ要衝でした（図7）。そのため多くの国がこの地を狙うことになりました。

パレスチナにヘブライ人（後にユダヤ人と呼ばれるようになる）が移り住み、ユダ王国が建てられました。この国が前五八六年に新バビロニア王国によって滅ぼされ、強制移住させられます。いわゆる「バビロン捕囚《ほしゅう》」です。

およそ五〇年後にアケメネス朝によって解放され、一部の人はパレスチナに戻り神殿を再建、ユダヤ教が確立したとされますが（ユダヤ教ができてからヘブライ人をユダヤ人と呼ぶことが多い）、多くの人々は散らばってしまいました。

その後、パレスチナはローマ帝国の支配下に入り、一世紀にはイエス＝キリストが現われたとされます。

四世紀末以降は東ローマ帝国（ビザンツ帝国）の支配下になります。ササン朝ペルシアとの抗争があり、七世紀にはイスラム勢力がこの地を占領します。しだいにアラブ人がこの地に入り、パレスチナに昔から住む人々も徐々にイスラム教徒になっていきます。

このようにさまざまな国、民族、宗教が入り交じるパレスチナの中心地がイェルサレムです。ユダヤ教・キリスト教・イスラム教の聖地となっています。古代からかなり複雑な事情を抱えていました。

キリスト教徒は一一世紀末から十字軍による遠征を行ない、聖地奪還を目指しますが、失敗。その後はイスラム教のマムルーク朝やオスマン帝国がこの地を支配し、長い戦いはいったん終止符が打たれます。

各地に散らばったユダヤ人たちは、勤勉で、財をなすなど大成する人たちも多く現われました。一方でヨーロッパでは迫害の対象にもなりました。迫害されたユダヤ人たちの中にはパレスチナの地に住む人たちも現われましたが、すでにイスラム教徒のアラブ人たちが住んでいます。多少のいざこざはあったものの比較的穏やかに共存していたといわれています。

しかし一九世紀末になると、フランスで起きたドレフュス事件（ユダヤ人将校のドレフュス大尉がスパイ容疑で逮捕された冤罪《えんざい》事件）をきっかけに、ユダヤ人たちの中でパレスチナでの建国を目指す「シオニズム運動」が起こります。ユダヤ人にとってはパレスチナの地に国をつくることは悲願でした。

第8節　第一次世界大戦中のイギリスの〝三枚舌外交〟

一九一四年に第一次世界大戦が起こります。これがさまざまな感情をこじれさせてしまうことになりました。

第一次世界大戦中、イギリスは味方を増やすため秘密条約・協定を結んでいきました。敵であった大国トルコ（オスマン帝国）にいる多くのアラブ人を味方につけるために、戦争協力を条件に、一九一五年にフサイン・マクマホン協定を結んで、アラブ人国家の独立を認め

図8　英仏の委任統治領

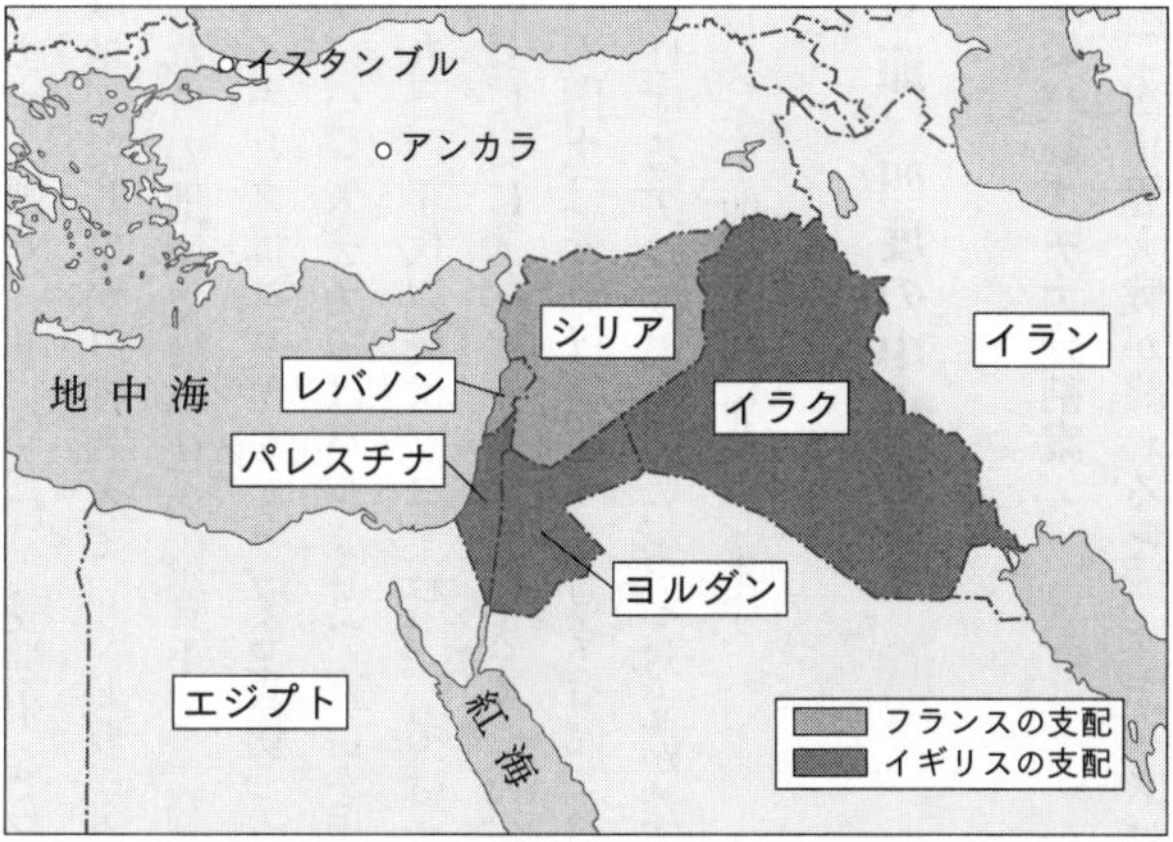

ました。

一方でユダヤ人の財政援助を期待し、一九一七年にバルフォア宣言でユダヤ人国家の建設に好意的な対応を約束します。

しかし一九一六年にイギリス・フランス・ロシアのいわゆる三国協商はサイクス・ピコ協定を結び、三国でトルコ領の分割を秘密協定で決めていました。イギリスの〝二枚舌外交〟です。後にロシアの革命政府が暴露《ばくろ》したことで矛盾が発覚し、アラブ側は憤激《ふんげき》することになりました。

第一次世界大戦後、ロシアは革命によって手を引きますが、国際連盟から委任される「委任統治領」としてイギリスがイラク・ヨルダン・パレスチナ、フランスがシリア・レバノンを支配します（図8）。ちなみに、受験生ならイギリスが支配した地域、フランスが支配した地域は地図でしっかり押さえておく必要があります。

これらの地域では英仏の影響下で、パレスチナを除いてそれぞれ王国として独立しました。イギリスはユダヤもアラブも裏切ったことになりますが、ユダヤ人を優遇していた面もあり、パレスチナではバルフォア宣言を根拠にユダヤ人が多く入植してきます。

一九三〇年代以降は、ヨーロッパではナチス・ドイツによるユダヤ人迫害が一層激しくなり、日に日に入植者が増えていきました。年間二〇万人が移動してきたとされます。パレスチナの国土はそれほど広くありません。日本でいうと四国と同じくらい。するとパレスチナに居住するアラブ系の人たちと対立が深まります。これが戦後の、そして現在につながる「パレスチナ問題」に発展します。

第9節　四度の中東戦争

国連のパレスチナ分割案

第二次世界大戦が終わると、イギリスはパレスチナ問題を解決する能力がないと判断したのか、パレスチナの放棄《ほうき》を決意し、この問題を国際連合に丸投げすることになりました。一九四五年の一〇月に、国際連盟に代わって国際連合が発足しています。

国際連合はパレスチナ問題の解決に向けて、一九四七年にパレスチナ分割案を出します。これはパレスチナ地域をユダヤ人とパレスチナ人の二つの国家に分け、聖地イェルサレムは国際管理下に置く、という案でした。ユダヤ人側とアメリカ・ソ連の二大国は賛成、アラブ諸国は当然反対でした。採決の結果、賛成三三、反対一三、棄権《きけん》が一〇で可決されました。

この分割案は、当時のパレスチナの全人口の一九七万人のうち、六〇万人程度のユダヤ人にパレスチナの六割弱を与える案でした。分割案の決議の翌日からパレスチナは事実上の内戦となります。イギリス軍にはもはや治安を維持する力はなく、撤退を決定します。

ユダヤ人は、不十分ながらもバルフォア宣言の内容が実現したものと考え、この案を受け入れ、それに基づき国を建てます。戦後に結成されたエジプトやイラク、シリア、レバノンなどのアラブ連盟は、強く反発しました。

第一次中東戦争：パレスチナ戦争

この決議案に基づいて一九四八年にイスラエル国が建国されると、アラブ連盟側のエジプト、レバノン、シリア、トランスヨルダン、イラクは宣戦布告をします（後にサウジアラビア、イエメン、モロッコも部隊を派遣しました）。こうして第一次中東戦争（パレスチナ戦争）が勃発しました。

ここでの対立の図式は、

イスラエル（ユダヤ）

対

アラブ連盟（エジプト、レバノン、シリア、トランスヨルダン、イラクなど）

となります。

アラブ側の勝利が予想された第一次中東戦争ですが、イスラエルは人口の一％が戦死しながらも、列強の支援を得て勝利します。この敗北で、アラブ側は多くの難民（パレスチナ難民）を生み出すことになってしまいました。

パレスチナ分割案には、アメリカの強い後押しがありました。アメリカでは、人口は多くないものの、ユダヤ人が経済などで大きな力をもっていますし、彼らの組織力はかなり強いと言われています。アメリカがイスラエル支持に踏み切ったときに、トルーマン大統領は「イスラエル（ユダヤ）は票にはなるが、アラブは票にならない」と言い、経済面をはじめ国内の大統領選でのユダヤ人の支持を得たかったものと思われます。

また、アメリカやイギリスはユダヤの経済力に加え、中東の石油資源や産油国に影響力を持つための軍事拠点を必要としていました。そういった背景もあり、以後中東情勢において、イスラエルを支持し続けることになります。

現在までパレスチナ問題に関して国連の安全保障理事会でイスラエルへの非難決議案が何度も出されますが、アメリカは何度も拒否権を発動し、非難決議案が廃案になっています。アメリカやイギリスはイスラエルを支持し続け、現在に至るまでアラブ側、イスラム教徒と対立を続けてきました。

そう考えると、イスラム教徒の過激なテロ組織がアメリカやイギリスに対してテロを行なう、という理由も理解できると思います。

パレスチナ問題は二〇〇〇年来のユダヤ人に関する問題が背景にあり、ユダヤ教とイスラム教の宗教的対立も確かにありますが、それは一部で、実際は石油利権やユダヤの経済力などが絡んだ争いも大きな理由であることがわかります。

ただそうした理由で翻弄《ほんろう》され続けて戦っている人々には憎悪が広がり、憎しみが憎しみを呼び、現在に至るまで、過激な戦いが止む気配はありません。

この後はパレスチナ問題以外でもイスラエルとアラブ諸国、そして西洋列強とアラブ諸国は対立を繰り返します。

第二次中東戦争：スエズ戦争

エジプトが冷戦悪化の中、東側陣営のチェコスロヴァキアから武器を購入したことを理由に、アスワン＝ハイダム建設資金の費用の融資をアメリカなどから拒否され、そのためナセル大統領は、スエズ運河を国有化してその資金をまかなうことにしました。

スエズ運河株式会社の株主であるイギリス・フランス、そしてエジプトに周辺海域で力を持たれると困るイスラエルは利害が一致し、イギリス・フランス・イスラエルがエジプトに侵攻します。一九五六年に起こった第二次中東戦争はスエズ戦争と呼ばれました。

ここでの対立の図式は、

イギリス・フランス・イスラエル

対
エジプト

となります。

戦闘はイギリス・フランス・イスラエルの圧倒的優位でしたが、冷戦の対立が緩和した時期で（「雪どけ」）、アメリカ大統領アイゼンハウアーがソ連と手を組み、国連では緊急総会が開かれます。そこでイギリス・フランス・イスラエルへの非難決議が採択され、三国は撤退しました。

結果的にエジプトの勝利、そしてイギリス・フランスは得たものがなく打撃をうけ、一方でアメリカの影響力が中東地域において英仏よりも強いことを誇示することになりました。

一九六四年にはパレスチナ難民によって、パレスチナ人の解放を目指す反イスラエル武装組織としてパレスチナ解放機構（ＰＬＯ）が成立します。

第三次中東戦争：六日間戦争

第一次中東戦争以降、イスラエル（ユダヤ）とアラブ諸国は対立を続けていました。イス

図9　イスラエルの領土拡大

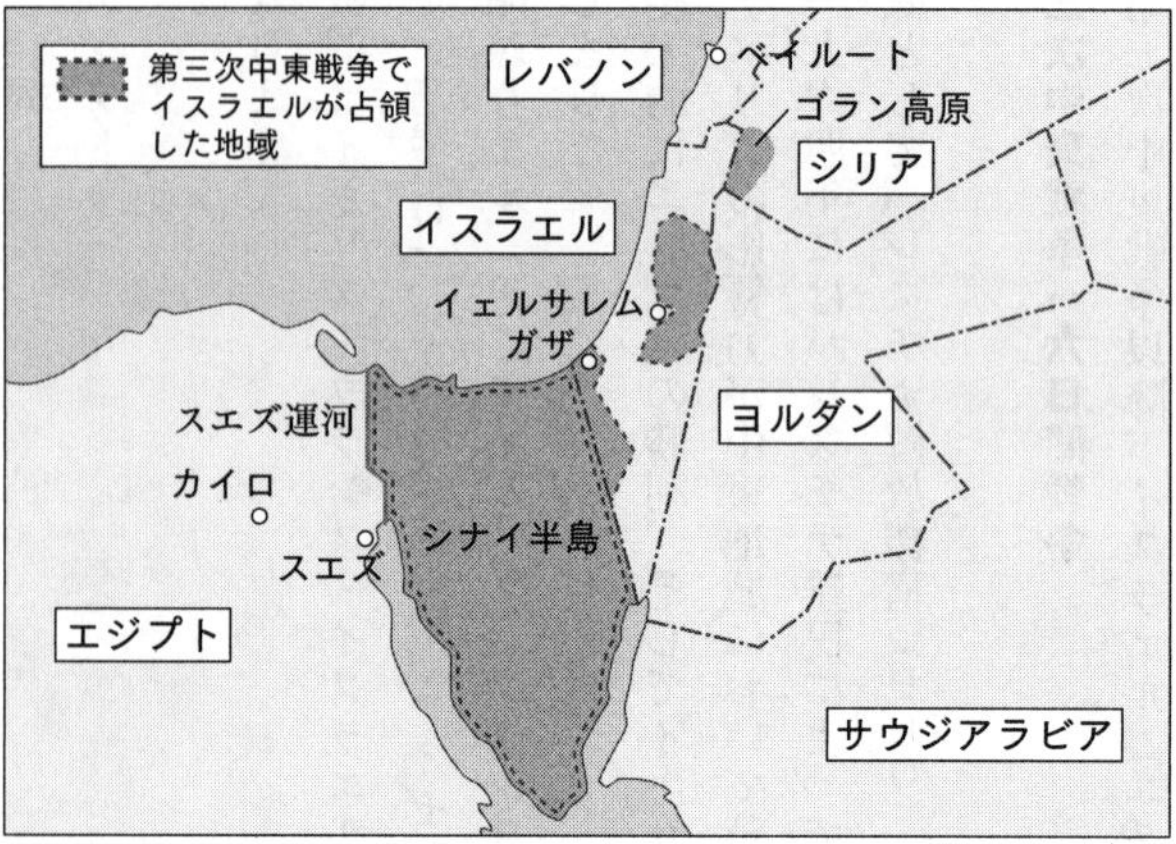

ラエルの諜報機関はアラブ側の動きを絶えず知っていましたが、当時はアメリカがベトナム戦争のため仲裁《ちゅうさい》は頼めず、イスラエル側が先制攻撃を仕掛け、開戦することになりました。

ここでの対立の図式は、

イスラエル（ユダヤ）

対

エジプト、シリア、ヨルダン、イラク、サウジアラビア

となります。

六日間戦争と呼ばれたこの戦争はイスラエル側の圧倒的勝利となり、イスラエルの占領地域はおよそ五倍に拡大しました（図9）。

第四次中東戦争：アラブの石油戦略

一九七三年一〇月六日、ユダヤ暦で最も神聖な日とされる「ヨム・キプール（贖罪《しょくざい》の日）」に、エジプトとシリアはスエズ運河、ゴラン高原でイスラエルへの攻撃を開始し、第四次中東戦争が始まります。

ここでの対立の図式は、

イスラエル（アメリカが支援）

対

エジプト、シリア（イラク、ヨルダン、レバノン、などアラブ側の国々が部隊を派遣。支援国はソ連、キューバ、北朝鮮など）

となります。

この戦争は二週間ほどの短い期間で、イスラエル側の軍事的優位で停戦をむかえます。しかし一時的ではありますが、アラブ側が優勢に立ったことで、イスラエルの不敗神話を揺るがしました。

また、アラブ石油輸出国機構（ＯＡＰＥＣ《オアペック》）が原油生産の段階的削減を行ない、また原油価格を二倍以上にひきあげるなど、いわゆる「石油戦略」をとったことで、第一次の石油危機（オイルショック）をむかえます。

当時中東の石油に依存してきた先進国は特にダメージをうけました。日本は中東に対しては中立の立場ですが、アメリカと強固な同盟があるために影響をうけました。

ユダヤとアラブの対立に、米ソを中心とする冷戦の構造が関わっていることもわかります。当時アメリカは、イスラエル支持はもちろんのこと、石油確保の狙いからイランやサウジアラビアなどの産油国とつながりを持ちました。

一方でソ連は、イラクやシリア・エジプトなど、社会主義の導入を図る国々を支持するようになり、アラブ諸国は分断されています。

また、和平への道も画策されました。一九七九年にはエジプト・イスラエル平和条約（エジプトのサダト大統領とイスラエルのベギン首相）が、一九九三年にはオスロ合意またはパレスチナ暫定《ざんてい》自治協定（ＰＬＯアラファト議長とイスラエルのラビン首相）と呼ばれる協定が結ばれて、中東は安定に向かったかに見えましたが、今日、まだ平和は実現されていません。

入試問題ではパレスチナ問題はどのように出題されているか、見てみましょう。

第二次世界大戦後のパレスチナ問題について述べた文として誤っているものを、次の①～④のうちから一つ選べ。

① 国際連合は、パレスチナ国家を分割する案を採択した。
② パレスチナ国家の建設を目指して、パレスチナ解放機構（ＰＬＯ）が活動した。
③ ナセル大統領の下で、エジプトはイスラエルと平和条約を結んだ。
④ パレスチナ解放機構（ＰＬＯ）とイスラエルは、パレスチナ暫定自治協定に調印した。

（二〇〇三年センター試験　世界史Ｂ　本試験を一部修正）

《解答・解説》

正解は③。ナセル大統領ではなく、サダト大統領。サダト大統領はエジプト・イスラエル平和条約を結びましたが、アラブ側の反発は強く、アラブ一八カ国とＰＬＯはこの条約を裏切りと考えて、エジプトと断交しました。また、一九八一年にはサダト大統領が暗殺されます。

さらに、論述問題でも多くの出題があります。東京大学を例にとってみましょう。東京大学は第一問の四五〇～六〇〇字の論述が有名ですが、わかりやすい短文の問いを挙げてみます。

下線部五（「一連の戦争」に下線）の戦争の中には、一九四八年五月に始まった第一次中東戦争（パレスチナ戦争）がある。この戦争の結果どのようなことがおこったか。二行（六〇字）以内で説明せよ。（二〇〇一年　東京大学）

《解説》

第一次中東戦争（パレスチナ戦争）ではイスラエルが勝利し、パレスチナ全域の約八割を領土としました。これによって、アラブ系の人々（パレスチナ人）がパレスチナの地を追われ、難民となってしまいます。

また、アラブ側が敗北しましたが、そのアラブ側の地域機構であるアラブ連盟の中心的存在であったエジプト王家への信頼は失墜し、一九五二年のエジプト革命につながってしまいます。

《解答例》
イスラエルが勝利して建国が確定し、大量のアラブ系難民が発生して周辺国と対立も深まった。またエジプト革命の原因ともなった。（六〇字）

一九八九年一二月のマルタ会談で、米ソは冷戦の終結を宣言しました。そして一九九一年にソ連は消滅しました。イスラエルと何度も戦ったアラブ諸国のほとんどはアメリカと友好関係を維持し、独立を保とうとする現実的な路線を目指します。

しかし一九九一年の湾岸戦争でのアメリカの行動、そしてイスラエルへの支援を続けたことに対し、イスラム圏の人々の中ではアメリカに対する失望が広がっていきます。

こうした中からジハード（聖戦）を唱え、アメリカに対してテロを行なうような過激な思想をもったイスラムの組織が生まれます。ウサマ＝ビンラーディンが率いていたアルカイダが有名ですね。二〇〇一年九月一一日のアメリカ同時多発テロは世界中に衝撃を与えました。

これまでの経緯を見ていただくと、なぜイスラムの過激派がアメリカやイスラエルを目の敵《かたき》にするのか、わかっていただけたかと思います。

このようにパレスチナ問題や中東戦争などを理解していると、現代の情勢も見えてきます。**世界史の理解、現代世界の理解はイスラムがカギを握っていると言っても、過言ではありません。**すなわち、**世界史は現代人の教養の必須科目である**ことを理解していただけたと思います。

第3章

日本史

——原因と結果の「複眼思考」を養う

第1節　日本史が好きな日本人

「日本史」を学ぶことは年齢を重ね、人生経験を積むほどに、面白みが増してきます。ふと書店に立ち寄れば専門書のみならず、ビジネスマン向けの概説書や受験参考書、さらには日本史を題材にした歴史小説・マンガなど多くの書籍に出会うことができます。また、テレビでも大河ドラマをはじめとした日本史を題材にした歴史ものが数多く放送されています。

ではなぜ、こんなに「日本史」に興味を持つ人が多いのでしょうか。

それは、自国の歴史に触れることが、ある種の安心感につながるからです。日本はどんな国で、過去にどんな人物が生きてきたのか。それらを知り、時に共感し、時に反発することは、自分が今いる環境や立場などを再確認することになるからです。

また、近年声高《こわだか》に叫ばれているグローバル社会の進展も、日本史への興味を高めています。異なる環境や立場をもつ他国の人々と付き合うなかで、自国の歴史を知っておくことは最低限のマナーであると認知されつつあるのです。

複眼思考を養う

結果には必ず原因がある。普段の生活でも、ビジネスの世界でもよく使われる言葉です。

「成功したのは、○○が原因だ」

「最近景気がいいのは、○○が原因だ」

「○○が原因で、カノジョ（カレシ）にふられた」

……とまぁ、いろいろありますが、この原因と結果の関係は必ずしも一対一の関係とは限りません。むしろ、原因が一つであることのほうが少ないと思います。少なくとも二つ、もしくは三つ、四つとさまざまな原因が重なって、結果は生じるものです。

しかし、**私たちは複雑なことを嫌い、単純に物事を捉えようとしてしまいがちです**。そして、ついつい結果に対する原因を一つに集約して単純化してしまい、大切なことを見落としていることが多々あると思います。

そのような私たちにとって**日本史は、複眼思考を養いながら、複雑に絡み合った原因を探っていく方法を教えてくれる格好の教科**といえます。受験で学んだ日本史を使いながら、原因と結果の関係を考えてみましょう。

図1　7世紀の東アジア

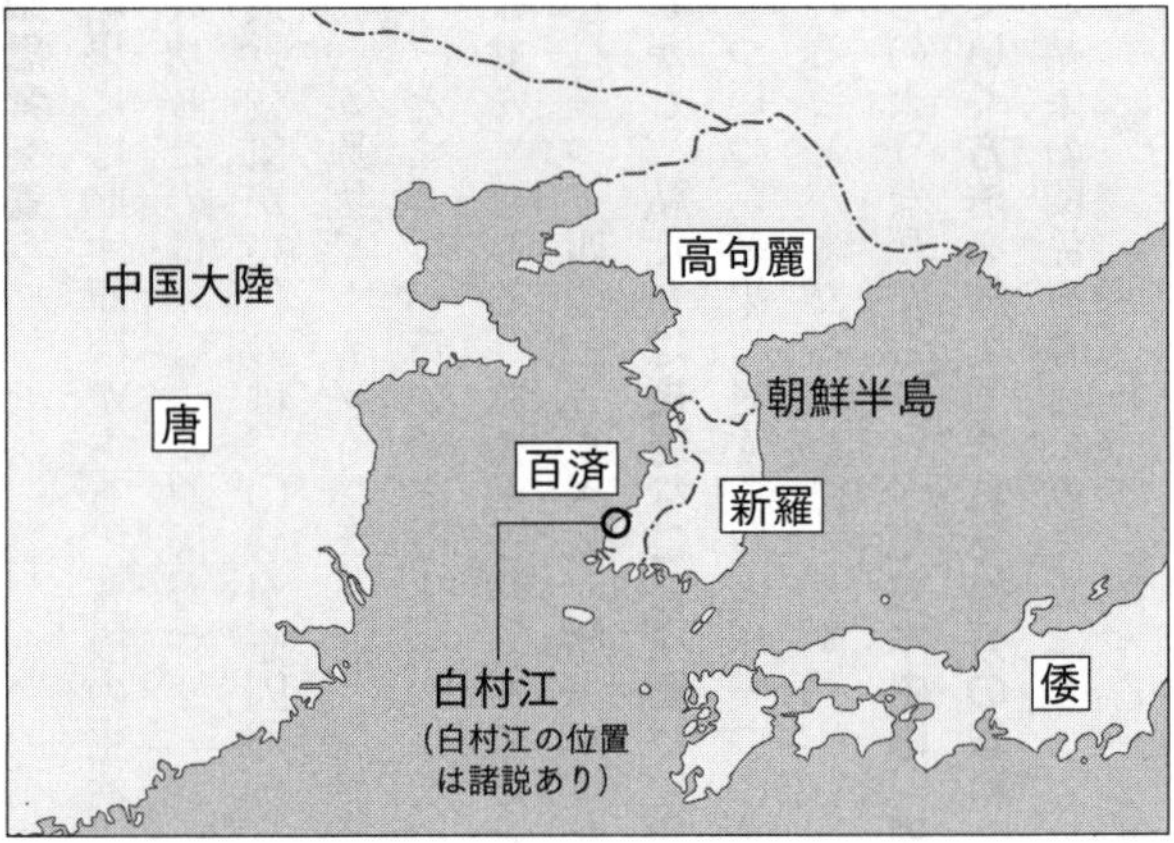

なぜ戦争は起こったのか？——白村江《はくすきのえ》の戦い

六六三年、日本（当時は倭《わ》）は中国の唐と朝鮮半島の新羅《しらぎ》を相手に戦い、大敗を喫《きっ》しました。有名な「白村江の戦い」です。

ところで、「白村江の戦い」をなぜ当時の日本の権力者は起こしたのでしょうか。そもそもこの戦い、日本に勝ち目がないのは誰の目にも明らかでした。なぜならば、相手は大国である中国の唐と、朝鮮の新羅の同盟軍。日本がちょっとやそっと軍勢を出したぐらいで、勝てる相手ではありません（図1）。

一般的には、百済《くだら》の王族や日本に亡命していた百済の貴族から百済復興の要請を受けたからだと説明されます。百済は三年前の六六〇年に、唐・新羅によって滅ぼされていました。

しかし、それだけでは、納得しかねます。戦いに負ければ、逆に日本が唐・新羅に侵攻されて、支配を受ける可能性だってあるわけです。いくら当時の日本が政治的・文化的に百済と友好関係があったとしても、そのようなリスクを冒《おか》してまで百済復興の要請を受ける理由は、なかなか見当たらないと思います。

しかし、ここで「原因は一つとは限らない」という視点に立って考えてみましょう。「白村江の戦い」の原因は、「百済復興の要請」を受けたからだけではない。もう少し視野を広げて、六世紀から七世紀にかけての日本の政治や外交の動きを考えてみます。**すると、この戦争の見え方は一変します。**

「外的原因」と「内的原因」に分けて考える

「白村江の戦い」のような対外戦争の原因は、「外的原因」と「内的原因」に分けると考えやすいと思います。

白村江の戦いの場合、当時のヤマト政権（天皇は斉明《さいめい》天皇、皇太子は中大兄皇子《なかのおおえのおうじ》）が百済の人々から百済復興の要請を受けたことは、「外的原因」にあたります。

また、六六〇年に唐と同盟を結んだ新羅が朝鮮半島の統一を進めていったことは、ヤマトるでしょう。

政権にとっては政治的・軍事的な圧力であり、それも「外的原因」として挙げることができ

では、一方で白村江の戦いの「内的原因」は何でしょうか。元々ヤマト政権は大王《おおきみ》（後の天皇）を中心にしながらも、物部《もののべ》氏や蘇我《そが》氏といった豪族らが政治に強い影響力を持っていました。

しかし、六四五（大化元）年に王族の中大兄皇子と豪族の中臣鎌足《なかとみのかまたり》（後の藤原《ふじわら》氏の祖）が中心となって、それまで政治に大きな影響力を持っていた蘇我氏を倒して、「大化改新《たいかかいしん》」といわれる政治改革をはじめていきました。

「大化改新」では中国の律令法を取り入れながら、従来の「大王‐豪族」による政治から、「天皇‐官僚」を中心とした中央集権が目指されました。

六四六年には政策方針を示した「改新の詔《みことのり》」が出されて、それまでの豪族の所有地・所有民である田荘《たどころ》・部曲《かきべ》は廃止され、公地公民制への移行が始まりました。公地公民制の考えに基づき、全国的な人民・田地の調査や、統一的な税制の施行も目指されました。

こうして日本は中央集権への道を本格的に歩み始めるのですが、この「大化改新」の目的を全《まっと》うさせるために、白村江の戦いを時の権力者は利用したのです。つまり、「中央集権を

目指す改革」とは、裏を返せば「既存の豪族の権限を制限する改革」に他《ほか》なりません。

それまで政治に対して大きな影響力をもち、また人民・田地の支配についても大きな権限をもってきた蘇我氏などの豪族が、自らの権限を制限されるような改革に対して、不満を持たないはずはありません。その不満を放っておけば、内乱に発展することも考えられます。

ですから、中央集権の改革を進める勢力としては、何とかしてその不満を解消する、もしくはその不満をそらすことを考えなければならないのです。そのタイミングでもたらされたのが、百済復興の要請でした。

中央集権の改革を進める勢力としては、これを利用しない手はない。一般的に対外戦争が起こると、挙国一致の雰囲気が醸成されたり、国内統一を進めることが容易になったりするからです。

たとえば、鎌倉時代に起こった元寇《げんこう》の際も、元（モンゴル）の来襲という国難を前に、執権北条時宗《ほうじょうときむね》が幕府に従う御家人だけではなく、御家人以外の全国の武士に戦いを命じました。

これがきっかけとなって、鎌倉幕府の支配権は全国的に強化されていきました。また明治時代に起きた日清戦争でも、それまで対立をしていた藩閥《はんばつ》内閣【注1】と帝国議会が協調路線をとり、挙国一致の体制がつくられていったのです。つまり、共通の敵を外に作ると、国内は安定の方向に向かうのです。

話を戻しますが、豪族の不満が高まるなかで、中央集権の改革を進める勢力は対外戦争という手段を選択しました。もちろん白村江の戦いは敗北という形で終わりました。

しかし、戦いの後、唐・新羅の日本への侵攻という脅威が高まるなか、ヤマト政権は九州の要地を守るために水城《みずき》を築き、対馬《つしま》から大和《やまと》にかけて朝鮮式山城を築いて国内の防衛体制を整えました。

また都をそれまでの飛鳥《あすか》から近江《おうみ》大津宮に移し、最初の戸籍である庚午年籍《こうごねんじゃく》を作成するなど、中央集権の改革を進める勢力のもとで国内統一はより一層進んでいきました。

このように白村江の戦いが起こるまでの状況をたどってみると、百済復興の要請に応えたことは、戦争の一つの引き金になったにすぎないことがわかります。むしろ当時の国内政治の動向にこそ、多くの原因を見出すことができるのです。

【注1】　藩閥内閣：明治維新の中心となった薩摩藩・長州藩の出身者で占められた内閣。

第2節　大学入試の日本史では

ところで、複眼思考を養う訓練として、実際の大学入試においてはどのような出題がなされているのでしょうか。ここでセンター試験の問題（一部改題）を解いてみましょう。

〔二〇〇七年　日本史B　本試験（改題）〕

7世紀の東アジアの歴史に関して述べた文として**誤っているもの**を、次の①～④のうちから一つ選べ。

① 滅亡した百済からは、貴族たちが倭（日本）に亡命した。
② 朝鮮半島の政治的統一に相前後して、日本列島でも中央集権国家の形成が進んだ。
③ 斉明天皇は、中国皇帝に朝貢して「親魏倭王」と認められた。
④ 古代の日本では、官僚制などを整えるため、中国の律令法を取り入れた。

この問題は「7世紀の東アジアの歴史」がテーマになっています。つまり、六六三年の「白村江の戦い」前後の出来事を確認しなければならないわけですが、前節において原因と結果の関係についてしっかりと考察したみなさんなら、解答は容易に導けたのではないでしょうか。

まず、選択肢の①は消えます。これはまさに白村江の戦いの「外的原因」にあたる記述です。「滅亡した百済からは、貴族たちが倭（日本）に亡命」し、その人々が中心となって当時のヤマト政権に百済復興の要請を行なったのでした。

一方、選択肢の②と④も消えます。これらは白村江の戦いの「内的原因」として説明をしましたが、唐と結んだ新羅が「朝鮮半島の政治的統一」を成し遂《と》げるなか、日本では「中国の律令法を取り入れ」ながら「官僚制などを整え」、「中央集権国家の形成が進んだ」のでした。

よって、解答は残った③となります。ちなみに「斉明天皇」は唐・新羅との戦いを決意した天皇ですが、「中国皇帝に朝貢《ちょうこう》【注2】して『親魏倭王《しんぎわおう》』と認められた」のは、二三九年に魏に遣使した邪馬台国《やまたいこく》の卑弥呼《ひみこ》です。

このように、**複数の出来事を頭のなかで絡ませながら解いていくことが、入試正解への道**

です。このように日本史を学ぶことは、複眼思考を確立するため非常に効率の良い訓練となっているのです。

【注2】　朝貢：中国の皇帝に対して周辺国が貢物を行なう行為。

問題解決の能力を向上させる

「白村江の戦い」を例に、原因と結果の関係を考えてみました。一つの結果に対して、さまざまな方向から原因を探っていくという過程は、物事を一面ではなく多面的に捉えることの重要性を教えてくれています。

現代はインターネットやスマートフォンの普及で、私たちが日々接する情報量は爆発的に増加しました。ただ、情報量が増えたことでさまざまな問題が解決されるようになったかというと、そのようなことはありません。**むしろ情報量が増えすぎたことで問題が複雑化し、本質が見えにくくなっていることが多くある**と思います。

そのような中で、陥《おちい》ってしまうのが情報の勝手な取捨選択と単純化。「○○の原因は、○○だ」と単純化することばかりに気をとられて、物事の多面性を捉えきれず、問題を解決することが困難になっているように思います。

そのようなときは受験で学んだ日本史を使って、ある歴史の出来事を複眼思考で多面的に捉えてみてはどうでしょうか。歴史上の出来事は、正直みなさんには直接関係のないことのほうが多いと思います。

しかし、だからこそ冷静に、客観的に、物事を多面的に捉え、原因と結果の関係を解き明かしていく方法を体験することができるはずです。そのような体験を通じて、複眼思考を磨くことは、みなさんが今抱えている問題を解決する能力の向上につながるのです。

日本人はいつから空気を読むようになったのか？

次に、受験で学んだ日本史を使って、日本人のある特性について考えてみたいと思います。

日本に住んでいると「空気を読む」という言葉をよく耳にすると思います。たとえば、長い会議中に「空気を読め！」と先輩から発言を制せられた経験、ありませんか。飲み会の席で「空気読めよ〜」と同輩から言われて、どぎまぎしてしまった経験、ありますよね。テレビをつければ毎日のようにお笑い芸人たちが「空気読めよ！」とツッコミを入れています。

日本では何かと「空気を読む」ことが重視されます。しかし、少し考えてみると不思議なもので、そもそも「空気」とは何なのでしょうか。「空気」には実体がありません。にもかかわらず、日本で生活していると「空気」に左右され、「空気」を気にすることが非常に多いのです。

さて、「空気を読む」とは、言い換えれば「絶対的な中心がない集団の関係性をつかむ」ことだと思います。絶対的な中心がないからこそ「空気」であり、また固定化されることのない関係性だからこそ、その都度「読む」必要があるのではないでしょうか。

では、日本人はいつから「空気を読む」ようになったのでしょうか。また、「空気を読む」という特性は、日本の歴史にどのような影響を与えたのでしょうか。この日本人の特性について、受験で学んだ日本史を使いながら考えてみましょう。

第３節「空気」で読み解く日本史

地球の気候が温暖になり、現在に近い自然環境になった約一万三〇〇〇年前から縄文時代が始まりました。人々は磨製《ませい》石器を用い、狩猟・採集によって生活を成り立たせていました。

シカやイノシシを獲り、ドングリやトチノミを拾う。そのような毎日の生活の中で、自分たちを生かしてくれるあらゆる自然物や自然現象には、霊威《れいい》が存在するのだと考えたようです。歴史用語ではこれを「アニミズム（精霊《せいれい》信仰）」といいます。

「空気」がつくる秩序――縄文～弥生時代

さて、このアニミズムこそ日本人が「空気を読む」という特性をもつきっかけになったのではないかと思います。つまり、霊威というものには実体がありません。「空気」のようなものです。

しかし、それを「あるもの」として考える。その「あるもの」の意志を推《お》しはかり、畏怖《いふ》する。こうして縄文時代から日本人は「空気を読む」ことで、日々の生活と集団の秩序を維持していたのではないかと考えられるのです。

その後、二五〇〇年前頃からは九州北部で水田による米作りが開始されました。そして、二四〇〇年前頃には西日本において水稲《すいとう》農耕を中心とした弥生時代がはじまりました。

常態的な共同作業を必要とする水稲農耕においては、集団の規模も大きくなり、より一層集団の秩序が求められることとなりました。そこで生み出されてきたのが、いわゆる支配者（指導者）という存在です。

たとえば、この時代に出てくるのが『魏志《ぎし》』倭人伝《わじんでん》に描かれた、邪馬台国の女王卑弥呼です。しかし、ここで興味深いのは卑弥呼が絶対的な政治権力者としてではなく、霊威を司《つかさど》るシャーマンとして登場するということです。

『魏志』倭人伝によれば、卑弥呼は宮殿の奥に住まい、ほとんど人前に姿を見せなかったとあります。また、実際の政治は男弟《だんてい》にまかせ、自らはそれに権威を与える存在として振る舞ったともあります。

つまり、卑弥呼は意識的に自らの実体を隠し、その場を支配する「空気」のような存在であろうとしました。これは縄文時代のアニミズムを引き継いだものと考えられます。邪馬台国という巨大な集団の秩序を維持するためには、「空気」として存在するほうがよいと判断した結果ではないでしょうか。

「空気を読む」政権運営――ヤマト政権〜律令国家の形成

さて、その後の四世紀後半からはヤマト政権を中心とする時代へと入っていきます。大王

（のちの天皇）の登場です。しかし、ここでも大王は絶対的な権力者としては登場しません。むしろ、この時代に活躍するのは大伴《おおとも》氏、物部氏、蘇我氏といった大王の周辺にいる豪族と呼ばれる人々でした。大王はこれらの豪族との関係を調整しながら、つまり全体の「空気を読む」ことで政権を運営していきました。

そして、七世紀に入り中国の唐が中央集権体制を整えていくと、日本でも中央集権が本格的に目指されることになりました。大化改新の始まりです。とはいえ、この改革も絶対的な権力者を生み出すことにはなりませんでした。

そもそも、改革の中心は王族の中大兄皇子と豪族の中臣鎌足の両者です。王族と豪族とが関係を調整しながら、つまりお互いに「空気を読む」ことで政権を運営するというスタンスに大きな変化はありませんでした。

その後、日本は白村江の戦い（六六三年）や、壬申《じんしん》の乱（六七二年、天智《てんじ》天皇の子の大友皇子《おおとものおうじ》と、天智天皇の弟の大海人皇子《おおあまのおうじ》の皇位継承に端を発した争い）という内乱を経験しながら、ついに七〇一年に大宝律令《たいほうりつりょう》を完成させることになりました。律令制度による政治のはじまりです。

しかし、ここでも天皇が絶対的な権力者として権力を振るうことはありませんでした。律令制度においては、中央行政組織として太政官《だじょうかん》が完成し、有力諸氏から任命された太政大臣《だじょうだいじん》・左大臣《さだいじん》・右大臣《うだいじん》・大納言《だいなごん》などの太政官の公卿《くぎょう》による合議によって行政が進められました。

つまり、中央集権といいながらも、その中心である天皇は権威をもつもの、言い換えれば場を支配する「空気」のような存在とされたのです。そして、**実際の政治はその「空気を読む」ことで行なわれる**、合議という形式が選択されたのです。

空気を読む藤原氏、空気を読まない上皇——奈良～平安時代

太政官の合議のなかで、行政能力の高さを武器に台頭したのが藤原氏でした。平城京に都をおいた八世紀には不安定だったその地位も、平安京に都を遷した八世紀末から一〇世紀にかけて、対抗する他氏（橘《たちばな》氏・伴《とも》氏・菅原《すがわら》氏など）を排斥しながら安定化していきました。

藤原氏は左大臣や右大臣といった太政官の重職のみならず、幼少の天皇を代行する摂政《せっしょう》や、天皇を後見役として補佐する関白《かんぱく》といった地位に就きました。

天皇に近い立場にあることで、その「空気」を身近で感じながら、政治に大きな影響力を及ぼしたのです。もちろん、藤原氏が天皇に代わって絶対的な支配者へと変化することはあ

りませんでした。

さて、藤原氏を中心とした貴族社会は、四人の娘を中宮《ちゅうぐう》（皇后）や皇太子妃とした藤原道長《みちなが》による摂関政治の時期を頂点として、一一世紀まで続きました。しかし、一一世紀末に日本の政治は大きな転換点を迎えます。院政《いんせい》の開始です。

院政とは一〇八六年に白河《しらかわ》天皇が幼少の堀河《ほりかわ》天皇に位を譲り、自らは上皇（院）として天皇を後見しながら実権を握るところから始まった政治体制です。院政を行なう上皇は「治天《ちてん》の君《きみ》」とも呼ばれ、院宣《いんぜん》という命令を用いて、専制的な権力を行使しました。

白河上皇が「この世に自分の思い通りにならないことは、三つしかない」と語ったこと【注3】は、その権力が絶対的なものであったことを示すエピソードとして有名です。

そう、院政においては場を支配する「空気」のような存在であった天皇が、上皇となることで初めて実体を現わし、「絶対的な権力者」として振る舞ったのです。この院政は白河・鳥羽《とば》・後白河《ごしらかわ》上皇の一〇〇年余り続き、またこの時期は院だけではなく僧兵《そうへい》という武力をもつ大寺社や、新たに台頭した武士が独自の勢力を形成し、社会を実力で動かす風潮が広まりました。

伝統的な「空気を読む」社会ではなく、絶対的な権力者のもとで新たな「空気を読まない

（もはや死語ですがKYですね……）」社会が模索された時代でした。

【注3】　天下三不如意《てんかさんふにょい》：「賀茂河《かもがわ》の水、双六《すごろく》の賽《さい》、山法師《やまぼうし》、是《これ》ぞわが心にかなわぬもの」（『平家物語』）

「空気」から抜け出せない日本人

院政期には、それまでの「空気を読む」ことが否定されました。しかし、それは日本の社会の秩序を大きく混乱させることになりました。その帰結が一二世紀に発生した保元《ほうげん》の乱（一一五六年）や、平治《へいじ》の乱（一一五九年）でした。そして、平治の乱後、後白河上皇を武力で支え昇進をとげたのは平清盛《たいらのきよもり》でした。

平清盛は一一六七年に太政大臣に就任し、大きな権力を持ちました。しかし、平清盛は娘の徳子《とくこ》（建礼門院《けんれいもんいん》）を高倉《たかくら》天皇の中宮に入れて、その子の安徳《あんとく》天皇を即位させて外戚《がいせき》となるなど、藤原氏と似た政治手法を選択します。大河ドラマなどに登場する平氏が、武士ではなく貴族のように描かれるのはこのあたりですね。

結局のところ、平氏は伝統的な天皇の権威を利用し、その「空気を読む」ことで政治を行なおうとしたのです。とはいえ、院政期に活躍した院近臣《いんのきんしん》と呼ばれる院の側近の排除や、平氏一門に偏《かたよ》った官職の独占は、反対勢力の結集をうながしました。

こうして発生したのが、源氏・平氏の争乱である治承《じしょう》・寿永《じゅえい》の乱（一一八〇年～一一八五年）でした。そして、この争乱を制したのは、鎌倉を根拠地として東国の武士団を従えた源《みなもとの》頼朝《よりとも》でした。

しかし、その源頼朝も、一一九〇年に上洛して右近衛大将《うこのえたいしょう》となり、一一九二年には朝廷から征夷大将軍《せいいたいしょうぐん》に任命されるなど、天皇の伝統的な権威を利用しながら政治を行なう手法を踏襲しました。

「空気」のような存在とされた天皇を中心に、その「空気を読む」ことで政治をとる。中世が始まっても、**日本の政治は相変わらず「空気を読む」ことで展開していった**のです。

第４節　現状と未来を見抜く日本史

さて、日本人はいつから「空気を読む」ようになったのか。また、「空気を読む」という特性が、日本の歴史にどのような影響を与えてきたのか。古代史を中心に考えてみました。

このように受験で学んだ日本史を使い、ある視点を定めて日本史を見直してみると、自分の思考や行動が何に依拠しているのか、社会の規範がどのように形成されてきたのかを考えることができます。それは、今、自分が立っている位置を確認することであり、また次の一歩を踏み出す方向を見出すことであると思います。

流動的で、不安定な社会だからこそ、現状の位置と未来の方向を見出したい。受験で学んだ日本史を使ってみることは、そのような現代の日本人の思いにも応えてくれるのではないでしょうか。

なぜ伽藍《がらん》配置を覚えなければならないのか？

最後に、受験で学んだ日本史を使って、もう少し身近な話をしてみたいと思います。最近、寺社仏閣を訪れる女性が増えてきているそうです。なかには仏像が大好きな「仏像ガール」も増えてきているとのこと。そこで、寺院と仏像にまつわる話をしてみましょう。

さて、飛鳥寺《あすかでら》、四天王寺《してんのうじ》、法隆寺《ほうりゅうじ》、薬師寺《やくしじ》、東大寺《とうだいじ》……などなど。日本史で苦労する点のひとつに「寺院を覚える」というものがあります。しかも受験の日本史においては、寺院の名前だけでなく、寺院の建造物の配置（＝伽藍配置）まで問われるのです。実際の出題例をみてみましょう。

〔二〇〇三年 京都大学 前期日程（改題）〕

次の文章の ア 〜 イ に最も適当な語句を記せ。

日本に仏教が伝わってから半世紀ほどを経て、最初の本格的寺院である飛鳥寺が建てられた。発掘調査の結果、飛鳥寺は仏舎利《ぶつしやり》を奉安した ア を中央に、その北と東西に、仏像を安置した イ を配した一 ア 三 イ の伽藍配置をとることがわかった。

【解答：ア 塔 イ 金堂《こんどう》】

〔二〇〇九年 関西学院大学 A方式（改題）〕

次の文章について、1・2ともに正しい場合はイを、1が正しく2が誤っている場合はロを、1が誤りで2が正しい場合はハを、1・2ともに誤っている場合はニをマークしなさい。

1．奈良県にある法隆寺は、『日本書紀』に焼失の記事があることから、再建・非再建の論争がおこった。現在では、若草伽藍《わかくさがらん》跡の発掘結果などから、現存の金堂や五重塔は再建されたものと考えられている。

2．寺院の伽藍配置は、飛鳥寺のように塔を中心にする形式から、薬師寺や東大寺のように金堂を中心にする形式へ変化した。

【解答：イ】

「えっ、そもそも寺院ってそれぞれ違うの？」と思ったみなさん。そうなんです。

たとえば、飛鳥寺の伽藍配置は「一塔三金堂」。薬師寺の伽藍配置は「二塔一金堂」。このように寺によって伽藍配置は大きく異なります。

「そのようなもの覚えて、何になるのか……」とつぶやきが聞こえてきそうですが、実はこの伽藍配置の変遷をたどることは、日本における仏教の変遷をたどることにつながるのです。

だからこそ、受験でも出題のポイントになっているのですが、そのあたりは案外知られていないところなのかもしれません。

さて、それでは受験で学んだ日本史を思い出しながら、伽藍配置の変遷をたどってみましょう。

伽藍配置のもつ意味

まず、寺院は基本的に「金堂」と「塔」から構成され、それぞれに役割があります。「金堂」は仏像を安置するものであり、「塔」は仏舎利（＝釈迦《しゃか》の遺骨）を安置するものです。

「えっ、釈迦の遺骨って？」と思われた方も多いと思うので、少し説明をします。

そもそも仏教とはインドの釈迦（＝ゴータマ・シッダッタ）を開祖とする宗教です。その釈迦が亡くなり、火葬された遺骨を「仏舎利」といいました。仏教の開祖であるお釈迦様の遺骨はもちろん大切なものですから、インドではその仏舎利を巡って争いが発生したそうです。

その後、インドの敬虔《けいけん》な仏教徒であったアショーカ王によって仏舎利は細かく粉砕され、ひと粒ひと粒に分けられ、最終的に八万余の膨大な寺院に配布され、仏教が広まっていった

図2　伽藍配置の変遷

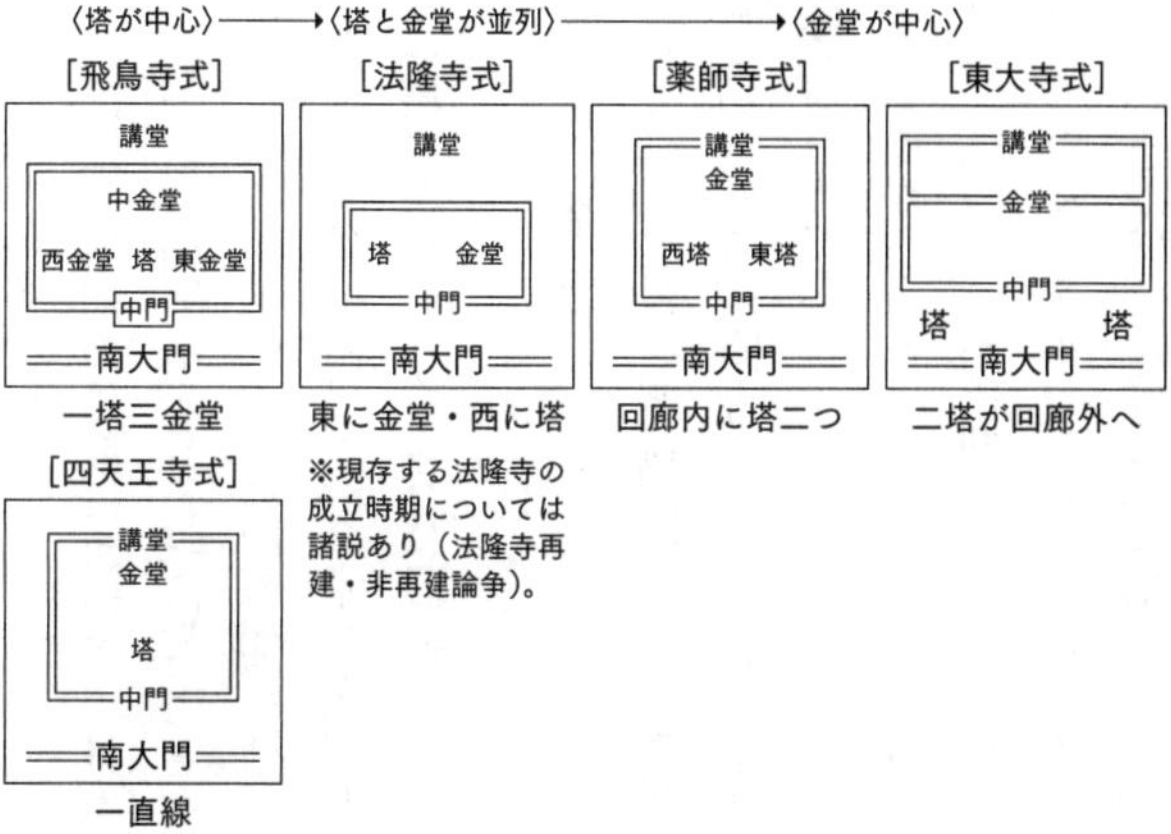

のです。

　つまり、現在、私たちは仏教といえば仏像を連想し、仏像を拝むことが仏教だと考えているところがあります。しかし、古来の仏教は仏舎利（＝釈迦の遺骨）への信仰に重きが置かれ、それを安置した「塔」が寺院の中心とされるものでした。

　さて伽藍配置の話に戻りましょう。まず、日本最初の本格的な寺院とされ、蘇我氏の氏寺でもあった飛鳥寺は、「一塔三金堂」といって中心の塔を三つの金堂が取り囲むような伽藍配置をしていました（図2）。

　南大門（南側の入り口）から入れば、まずその目には「塔」が飛び込んできます。「金堂」はまるでその「塔」を引き立てるかのような形で配置されていますね。

これは伝来当初の仏教において、日本人が寺院の中心を「塔」と考えていた、すなわち「仏舎利」を信仰の中心としていたことを物語っています。

この「塔」を中心とした伽藍配置は、聖徳太子が建立したとされる四天王寺にもみられます。四天王寺は「塔」と「金堂」が南北に一直線に並んでおり、やはり南から入れば、真っ先に「塔」が目に入るように設計されています（図2）。

「塔」から「金堂」へ

しかし、この後に伽藍配置には大きな変化が現われます。その一つが世界最古の木造建築として知られる法隆寺です。現存する法隆寺【注4】は「塔」と「金堂」が東西に並列する伽藍配置をとっています（図2）。

つまり南から入ると、「塔」と「金堂」がほぼ同時に目に飛び込んでくることになります。それは「仏舎利」が信仰の中心であると同時に、「仏像」が信仰にとって大きな存在になりつつあったことを示しているといえます。

そういう意味で法隆寺は「塔」から「金堂」への移り変わり、つまり「仏舎利」中心の信仰から「仏像」中心の信仰への移り変わりを見て取ることのできる伽藍配置といえるのです。

その後、天武《てんむ》天皇が建立した薬師寺では寺院の中心に「金堂」が配置され、「塔」は東塔・西塔に分かれて装飾的になっていきます。さらに聖武天皇が建立した東大寺では、どんどん「金堂」が中心に配置され、ついに「塔」は外へと追いやられていきました。それらは、仏教が「仏像」中心の信仰へと変化したことを示しているといえるのです。

さて、伽藍配置の変遷をたどることで、日本の仏教の変遷をたどることができました。伽藍配置が受験で出題される理由も、理解していただけたのではないでしょうか。受験で伽藍配置が問われるのは、単に暗記を試されているのではありません。**出題者はそこにある意味や歴史を問いたいのです。**

普段は気にしないようなことでも、そこには意味があり、歴史があります。そのような当たり前のことを再認識させてくれるのも、「受験の日本史」の魅力の一つと言えるのではないでしょうか。

【注4】　現存の法隆寺：法隆寺をめぐっては『日本書紀』の六七〇年に焼失の記事があることか

ら、再建・非再建の論争が起こった。現在では、一九三九年の若草伽藍跡の発掘結果などから、現存の金堂や五重塔は再建されたものと考えられています。

第5節　日本史を人生の役に立てる

これで本章の解説は終わりますが、いかがでしたでしょうか。

これまで皆さんの「受験の日本史」に対するイメージは、あまり良くなかったのではないでしょうか。「受験で日本史を勉強したことが、今、どう役に立っていますか?」なんて問われたら、答えに窮《きゅう》する人が多かったのではないかと思います。

皆さんは小学校や中学校の社会科の授業のなかで、日本史を学んだ経験があると思います。さらに高校時代には、本書がテーマにしている大学受験のために、日本史の勉強に取り組んだ人も多いと思います。

教科書にチェックをいれ、ノートにまとめ、時間をかけて取り組んだ「受験の日本史」。定期テストや受験の直前に、苦労して頭に詰め込んだ「受験の日本史」。それなのに「受験の日本史」は、今やキレイさっぱり忘れてしまっているのではないでしょうか。

　また「受験の日本史」では、「歴史用語の暗記」に四苦八苦した記憶だけが残っているという人もいるかもしれません。特に、その時々の権力者の暗記は大変でしたよね。

　古代史ならば大王（天皇）や貴族（藤原氏など）の名前、中世史から近世史にかけては幕府の将軍だけでなく執権や守護大名、さらに戦国大名なんかも出てくる。そして、近現代史になると内閣総理大臣の順番を覚えなくてはいけない。歴代の内閣総理大臣の頭文字をつないで「イクヤマイマイ……」と、意味不明な呪文を唱えながら暗記に取り組んだ人もいるはずです。

　もちろん、日本史を学ぶ基本として「歴史用語の暗記」は、必要不可欠なことです。同じ入試科目の英語でいえば、それは「英単語の暗記」に相当すると思います。しかし、英単語を覚えただけでは、流暢《りゅうちょう》に英語を話せるようにはなりませんよね。

　実際に英語を役立つものにするためには、何をするでしょうか。たとえば、覚えた英単語と文法を駆使して英作文を書いてみたり、ネイティブスピーカーと話してみたり。つまり実際に「使ってみること」で、英語は役立つものになるのではないでしょうか。

　では、翻《ひるがえ》って日本史はどうでしょう。「受験の日本史」を経験された方は、何となく「歴史用語の暗記」が日本史の勉強であると思い込んで、その先の一歩、つまり「使ってみること」を実践されていないのではないでしょうか。

「英単語を暗記しても、英語が話せない」と**嘆く人が多いのと同様に、「歴史用語を暗記しても、日本史を役立てられない」という人が多かった**のだと思います。

したがって、ここで答えが出てきました。受験で学んだ日本史を役に立つものにするためには、実際に「使ってみること」が必要なのです。

受験で学んだ日本史を使ってみて、何ができるのか。いくつかの例を挙げながら、本章でお伝えしてきました。

すなわち、大学受験日本史を「使ってみる」ことで、複眼思考を磨き、問題解決能力を向上させることができるのです。また、自分の現状を確認し、次の一歩を踏み出す指針も得られます。

これは、身近なものの見方を広げ、そこにある意味や歴史を見出すことにもつながります。こうして、**日本史は「使ってみる」ことで、役に立つものに変えられます**。

歴史の深い日本にいるからこそ、日本史から得られるものは多く、役に立つ範囲も広いと思います。受験で学んだ日本史を眠らせておくのはもったいないことです。受験の日本史を、人生の役に立つものにぜひ変えていきましょう。

第4章

政治・経済

——戦後日本の選挙制度と政党政治の関係

第1節　落選したのに当選するのはなぜ？

みなさんは中学や高校で選挙制度を習っています。では、その制度について説明できますか？　と問われると、意外とできないものです。**大人でもきちんと知らないのが選挙制度です。**

衆議院や参議院の国政選挙投票日の夜のテレビ番組は、どの局も選挙速報の特別番組を放送します。番組には、政治評論家や大手新聞社の政治記者以外に、芸能人も出演しています。視聴者の中には、本当に選挙速報なのかと思う人もいるでしょう。

その選挙速報の特別番組で、画面の上下に「当確《とうかく》（当選確実）」が出ます。各テレビ局は、「当確」を必死で出そうとします。選挙速報にとって、これが一番であるかのようです。この「当確」を出すのに、投票所の外で投票を済ませた有権者に、聞き取り調査をします。これを、出口調査といいます。それを集計して、投票終了直後でも「当確」が出るのです。

しかし、番組で「当確」を間違って出すこともあります。そのとき、番組の司会者が訂正・謝罪《しゃざい》をします。人間がすることなので、絶対はないということです。

「当確」を出した選挙区に、ベテランあるいは現役閣僚《げんえきかくりよう》や閣僚経験の候補者が落選したとします。すると、番組の司会者が「○○党の△△候補者が落選しました」と声を大にして言います。これにより私たち視聴者は、その候補者が「落選」したものだと思います。

しかし、深夜になり開票が進んでいきます。そこで、「落選」したはずの候補者が、「当選」していることがあります。ここでいう「落選」とは、衆議院議員総選挙の小選挙区での「落選」です。また「当選」とは、衆議院議員総選挙の比例代表による「当選」のことです。

ちなみに、衆議院の選挙を総選挙というのは、衆議院の場合は議員全員を選挙で選ぶからです。参議院の場合は、議席の半分を選挙で選ぶため、総選挙とはいいません。

話を戻します。先ほどの「当選」のことを「復活当選」といいます。この「復活当選」の仕組みについて後段で詳しく説明します。これには、戦後の衆議院の選挙制度の変遷《へんせん》が大きく関係します。そこで、選挙制度の変遷も説明します。

また、衆議院と比較するために、参議院の選挙制度にも触れます。さらに、選挙制度は、戦後の政党政治にも関係しています。そこで、政党政治も関連させていきます。

選挙制度を一面ではなく、多面的にみていきます。こうすることで、戦後の選挙制度や政党政治が、よりわかりやすくなります。また、わかることで、政治が面白いと感じるはずです。

第2節　戦後の衆議院議員総選挙の変遷と政党政治

政権の鍵を握る選挙は参議院議員選挙でなく、衆議院議員総選挙です。内閣総理大臣の指名に、衆議院の優越があることでもわかるでしょう。

そこで、政権と関係の深い衆議院議員総選挙の制度について、戦後の変遷を見ていきます。これに沿《そ》って、政党政治についても説明します。

一九四七年（昭和二二年）から一九九三年（平成五年）までの衆議院議員総選挙は、一つの選挙区に三〜五名選出する中選挙区制を採用していました。

そもそも、選挙制度の分類としては、小選挙区制（一つの選挙区に一人選出）と大選挙区制（一つの選挙区に二名以上選出）があります。中選挙区制というのは、大選挙区制をとっていたときより選出人数が少ないということでつけられた、日本独自の呼称《こしょう》です。

この中選挙区制の下《もと》、一九五五年（昭和三十年）、左派《さは》と右派《うは》に分かれていた日本社会党が再統一します。これに危機感を覚えた財界の要請《ようせい》で、日本民主党と自由党が保守合同します。これにより、自由民主党が誕生しました。

意外かもしれませんが、自由民主党は戦後に結成された政党です。ちなみに、戦前から続いている政党は、日本共産党だけです。

一九五五年の政党政治は、形の上では二大政党制です。しかし、中選挙区制の下、自由民主党が多数の議席を維持してきました。その結果、自由民主党による長期政権となったのです。

このように、自由民主党が、一九五五年以降長期政権であったことを、「五五年体制」といいます。あるいは、「一と二分の一体制」と呼ぶこともあります。自由民主党の議席を一としたとき、日本社会党が二分の一だったことによります。

一九五五年以降、なぜ自由民主党が長期政権を続けてきたのか。その背景を、中選挙区制と関連させながら見ていきましょう。

自由民主党の中には、派閥《はばつ》というものが存在します。この派閥とは、政党で統一されたもの以外に、政策や主張に共通点がある者で結成された集団のことです。

自由民主党は、中選挙区制の下、多くの選挙区で二名の候補者を擁立《ようりつ》しました。有権者は、これに違和感を覚えます。しかし、自由民主党が二名の候補者を擁立したのは、党内に派閥があるからです。

つまり、派閥の勢力（獲得議席数）により、派閥の長が自由民主党の総裁になります。ひいては、内閣総理大臣にもなるのです。その結果、党内で政権交代が起こっていたのです。また、自由民主党としても、その選挙区において、一名当選すればいいわけです。ましてや、二名とも当選すれば、願ったり叶ったりです。

さらに、自由民主党の長期政権には、この時期の日本経済も関係しています。自由民主党が結成されたのは、一九五五年です。この年以降、日本は高度経済成長に入ります。つまり、自由民主党が政権の座についてから、日本は目覚ましい経済成長を遂《と》げてきました。そのため、多くの有権者は政権交代を望まなかったのです。

その一方で、農業が衰退《すいたい》していきます。そこで、政府は農家に対して、補助金や食糧《しょくりょう》管理制度など、手厚い保護政策をしました。

そのため、自由民主党は都市より、地方で議席を獲得していたのです。また、地方の多くの高齢者は、今でも国会議員のことを「先生」と呼んでいます。

そのうえ、二大政党制の一翼を担《にな》っていた日本社会党は、旧ソ連や中国が採用していた社会主義経済を主張していました。さらに、日米安全保障条約にも反対でした。その結果、有権者の支持が得られなかったこともあります。

しかし、一九七三年（昭和四八年）の第一次石油危機により、高度経済成長が終焉《しゅうえん》を迎えます。この経済状況と呼応《こおう》するように、自由民主党政権にも綻《ほころ》びが出てきます。

その代表的な出来事が、一九七六年（昭和五一年）のロッキード事件です。内閣総理大臣だった田中角栄《たなかかくえい》氏が逮捕されました。これにより、自由民主党に対する批判が徐々《じょじょ》に高まっていきます。

そのため、一九八〇年代の選挙では、保革伯仲《ほかくはくちゅう》（与党である自由民主党とそれ以外の野党の議席数が拮抗《きっこう》する状態）になりました。

また、バブル経済の一九八八年（昭和六三年）には、竹下登《たけしたのぼる》元首相がリクルート事件で退陣します。さらに、一九九二年（平成四年）には、東京佐川急便事件で、金丸信《かねまるしん》元副総裁が議員辞職します。

たびかさなる汚職《おしょく》事件に、国民の政治不信が高まります。そこで、自由民主党は、政治改革を行なうことを約束し、国民の信頼回復を図《はか》ろうとしました。しかし、政治改革は実行されませんでした。

こうしたことを受けて、一九九三年、野党が内閣不信任決議案を提出しました。しかし、多数を占める自由民主党の反対で、否決されると思われていました。ところが、小沢一郎《おざわいちろう》氏など自由民主党議員の造反《ぞうはん》により、可決されたのです（戦後、内閣不信任決議が可決されたのは四回）。

造反した議員は、自由民主党が政治改革を行なうといいながら、実行しなかったことが理由で賛成したのです。それだけ、自由民主党の国会議員も、危機感があったのでしょう。

これを受けて、当時の宮澤喜一《みやざわきいち》内閣が衆議院を解散しました。そして、衆議院議員総選挙が行なわれ、自由民主党の獲得議席数は過半数を割りました。歴史的敗北を喫《きっ》したのです。これにより、一九五五年以降続いてきた、自由民主党による長期政権に終止符《しゅうしふ》が打たれました。このことを、五五年体制の崩壊《ほうかい》といいます。

自由民主党政権に代わり、細川護熙《ほそかわもりひろ》氏を内閣総理大臣とする連立政権が誕生しました。この連立政権は、自由民主党と日本共産党を除く政党で結成されました。自由民主党政権時代の汚職事件を受けて誕生した細川内閣は、宮澤喜一前内閣が行なわなかった政治改革を実行します。

政治改革の目的は、政治と金の癒着《ゆちゃく》を断つことでした。この改革の一つに、戦挙制度改革がありました。

話が少し逸《そ》れますが、このときの政治改革には他に、政治資金規正法改正が挙げられます。この改正により、企業・団体から政治家個人への献金が禁止されました。

一方で、政党助成法が制定されました。この法律により、国民の税金が各政党の議席数などに応じて配分されます。国民の負担は、一人あたり二五〇円です。総額は約三二〇億円になります。

つまり、**改革と言っても、政治家にとってプラスマイナスゼロであり、痛くも痒《かゆ》くもないのです**。未《いま》だに政治家と金の疑惑《ぎわく》はなくなりません。いくら法律を改正しても、抜け穴があるということです。

話を戻します。この選挙制度改革は、汚職事件が理由だけではありません。一九五五年から一九九三年まで、政権交代が起きなかったのは、中選挙区制が一因とされました。

そこで、政権交代が可能な選挙制度を導入することにしました。それが、イギリスやアメリカで採用されている小選挙区制です。

しかし、小選挙区制は自由民主党のような大政党に有利な選挙制度です。また、落選者の得票、すなわち「死票《しひょう》」の問題もあります。そこで、小選挙区制を補完するために、比例代表制も合わせて採用しました。次にこの制度がどのようなものかを、詳しく見てみましょう。

第3節　現在の衆議院の選挙制度と政権交代

細川内閣の選挙制度改革が、現在の衆議院の選挙制度になっています。この選挙制度を、「小選挙区比例代表並立《へいりつ》制」といいます。

まず、小選挙区制は、一つの選挙区につき一名選出する選挙です。投票用紙には、候補者名を記入します。各選挙区で最多得票数の候補者が当選となります。

次に、比例代表制は、各政党の得票数に比例して議席を配分します。投票用紙には候補者名ではなく、政党名を記入します。候補者名を記入すると、無効となります。

衆議院の比例代表制は、全国を北海道、東北、北関東、南関東、東京、北信越、東海、近畿、中国、四国、九州・沖縄の一一ブロックに分けています。それぞれのブロックの定数を、各政党の得票数に比例して議席配分します。議席の配分方法については、後段で詳しく説明します。

衆議院の小選挙区制と比例代表制ですが、両方とも立候補することができます。これを

「重複立候補」といいます。両方とも立候補できるようにしているのは、先ほど述べた、小選挙区制の「死票」と関係しています。

死票とは、落選者に投じられた票のことです。小選挙区制では一人しか当選しないため、この死票が多くなります。つまり、それだけ当選者に投票した人以外の民意が反映されにくくなります。そのため、民意が反映されやすい比例代表制にも立候補できるようにしたのです。ただし、政党に属さない候補者は、立候補できません。

これに対して、参議院の選挙制度は、都道府県を単位とする選挙区と比例代表制の二つからなります。衆議院で認められている「重複立候補」はできません。つまり、どちらか一方にしか立候補できません。衆議院同様、政党に属していなければ立候補できません。

また、比例代表制は、衆議院のように全国を一一ブロックに分けていません。参議院は全国を一つとして行ないます。

さらに、比例代表制の投票用紙には政党名だけでなく、候補者名も記入することができます。衆議院の比例代表制とは、この点で異なります。この比較についても、後段で詳しく説明します。

しかし、両方に立候補できるからといって「復活当選」できるわけではありません。「復活当選」するには、いくつかの条件が必要です。その条件とは、候補者名簿の順位と小選挙区における落選者の「負け方」にあります。

ここで、話を少し前に戻します。現在の衆議院の選挙制度の下、衆議院議員総選挙によって政権交代が実現したのは、二〇〇九年（平成二一年）の麻生《あそう》内閣から鳩山《はとやま》内閣と二〇一二年（平成二四年）の野田《のだ》内閣から安倍《あべ》内閣の二回だけです。

現在の衆議院の選挙制度は、政権交代が起こりやすいとはいえません。その要因として、有権者が自由民主党以外の政党に、政権を任せることができない。あるいは、期待できないということが挙げられます。

一九五五年から一九九三年まで、自由民主党政権時代に汚職事件はありました。しかし、自由民主党の安定した政権運営が、有権者にとって安心感を与えていたのも事実です。これを象徴するのが、二〇〇九年の政権交代です。

この政権交代は、自由民主党と公明党の連立政権（麻生内閣）から、民主党・社会民主党・国民新党の三党連立政権（鳩山内閣）のことです。投票率六九・二八％が示すように、国民の関心が高いものでした。また、鳩山内閣に対する期待も大きかったのです。

しかし、政権公約の一つであった、沖縄県の米軍普天間《ふてんま》飛行場の県外移設を実現できませんでした。多くの国民は期待していましたが、裏切られたのです。

そうしたこともあり、**有権者は政権交代に対して期待できなくなったのです。また、他の政党に政権を託せないとなっていったのです。**

第4節　衆議院と参議院の比例代表制の違い

それでは、衆議院の比例代表制について詳しくみていきます。各政党は、候補者名簿を中央選挙管理委員会に提出します。その名簿の各候補者には順位をつけることになっています。これを「拘束《こうそく》名簿式」といいます。ちなみに、参議院の比例代表は、名簿の候補者に順位をつけない「非拘束名簿式」が採用されています。

また、名簿の順位ですが、全員が異なる順位でなく、同一順位でもかまいません。

政党が提出する候補者名簿の例として、A候補一位、B候補二位、C候補三位、……、あるいは、A候補一位、B候補一位、C候補一位、……のように、全員が一位でもいいのです。

あるいは、A候補一位、B候補二位、C候補二位、……のように、A候補以外全員が二位でもいいのです。

それでは、なぜ、名簿に各候補者の順位をつけるのでしょうか？　それは、各政党において、ベテラン議員や現役の閣僚、閣僚経験者など当選させたい候補者がいます。それに対して、公募により政党の公認を得た新人候補者を差別化するためです。

比例代表制の名簿上位の候補者の顔ぶれをみてみます。その人たちの多くは、みなさんも名前を聞いたことがある人たちが多いでしょう。そのため、公募により政党の公認を得た新人候補者は、同じかそれより下位になります。

次に、候補者名簿の順位は、当選順を意味します。つまり、一位から順に当選していくのです。それでは、同じ順位の場合はどうなるのでしょうか？　同じ順位の場合は、次のようにして当選が決まります。
(一) 比例代表制のみ立候補した者が優先して当選、(二) 小選挙区との重複立候補者のうち、小選挙区で落選した候補者の「惜敗率《せきはい》」の高い候補者から当選、となります。ちなみに、小選挙区で当選した候補者は、比例代表制の名簿から除かれます。
さて、(二) の説明にあった「惜敗率」の計算方法は、(小選挙区における落選者の得票数)÷(小選挙区における当選者の得票数)×一〇〇(%)です。この式から、「惜敗率」が高いほど、つまり、一〇〇%に近いほど、当選者と競《せ》り合って負けたことを意味します。つまり、「どれだけ当選した候補者と競り合ったのか」という説明がわかりやすいでしょう。同じ小選挙区で負けるにしても、競り合って負けなければ、比例代表制での「復活当選」は厳《きび》しいということです。

ここで、「惜敗率」をより理解するために、簡単な計算問題を出題します。

（問）A小選挙区において、a氏が五〇万票（当選）、b氏が四〇万票（落選）、B小選挙区において、c氏が八〇万票（当選）、d氏が六〇万票（落選）とすると、b氏とd氏のどちらの惜敗率が高いでしょうか。

（答）b氏の惜敗率は、四〇万÷五〇万×一〇〇＝八〇（%）です。また、d氏の惜敗率は、六〇万÷八〇万×一〇〇＝七五（%）です。つまり、b氏の方が高いことになります。

ここで気をつけるポイントは、得票数に惑《まど》わされないということです。得票数が多いことと、惜敗率が高いことを混同しないことです。つまり、数字だけで判断しないということで

表1　ドント式の議席配分方法

	A党	B党	C党
得票数	100万票	80万票	60万票
÷1	100万票①	80万票②	60万票③
÷2	50万票④	40万票⑤	30万票
÷3	33.3万票⑥	26.6万票	20万票
÷4	25万票	20万票	15万票
÷5	20万票	16万票	
÷6	16.6万票		
議席数	3議席	2議席	1議席

す。

また、比例代表の各政党の議席の配分方法は、「ドント式」を採用しています。「ドント式」とは、各政党の得票数を、一から順に候補者名簿の人数まで割り算をし、その商の大きい順に議席を配分します。

たとえば、定数が六名の比例代表区とします。各政党の得票数と候補者数を次のようにします。

A党の得票数が一〇〇万票で候補者名簿の人数が六名。B党の得票数が八〇万票で候補者名簿の人数が五名。C党の得票数が六〇万票で候補者名簿の人数が四名。

このとき、各政党の獲得議席数は、上の表1のようになります。この「ドント式」については、参議院の比例代表制でも採用されています。

それでは、比例代表制の仕組みをより理解してもらいます。そこで、二〇一四年度センター試験の政治・経済第四

選挙区	得票数			計
	A党	B党	C党	
ア	45	35	20	100
イ	35	50	15	100
ウ	45	40	15	100
エ	50	15	35	100
オ	25	60	15	100
計	200	200	100	500

問の問三をみてみます。

（問）小選挙区制によって議員が選出される議会があり、その定員が五人であるとする。この議会の選挙で三つの政党A～Cが五つの選挙区ア～オでそれぞれ一人の候補者を立てたとき、各候補者の得票数は上の表のとおりであった。

いま仮に、この得票数を用いて、五つの選挙区を合併して、各政党の候補者が獲得した票を合計し、獲得した票数の比率に応じて五つの議席をA～Cの政党に配分する場合を考える。

その場合に選挙結果がどのように変化するかについての記述として誤っているものを、下の①～④のうちから一つ選べ。

①過半数の議席を獲得する政党はない。
②議席を獲得できない政党はない。
③B党の獲得議席数は増加する。

	A党	B党	C党
得票数	200票	200票	100票
候補者数	5名	5名	5名

④C党の獲得議席数は増加する。

(解答解説)五つの選挙区を合併すると、問題の表が上の表のようになります。この表を元に、「ドント式」を適用します。「ドント式」がわからない人は、前述の説明をみてください。すると、次ページの表のようになります。

問題の表では、五つの選挙区に各政党が一人の候補者しか立てていません。そこで、各党の獲得議席数をみてみます。

Aは、選挙区ア、ウ、エで最高得票数になっているので三議席です。次にBは、選挙区イ、オで最高得票数となっているので二議席です。最後にCは、すべての選挙区で最高得票数がないので○議席です。

いよいよ、選択肢の吟味《ぎんみ》をしていきます。次ページの表のように、どの政党も獲得議席が過半数に満たないので、①は正しい選択肢です。

次に、A、B、Cとも議席を獲得しているので、②の選択肢も正しいです。また、Cの獲得議席は、合併前は○議席でした。しかし、合併したことで一議席になります。したがって、④は正しい選択肢です。

	A党	B党	C党
得票数	200票	200票	100票
÷1	200票①	200票①	100票③
÷2	100票③	100票③	50票
÷3	66.6票	66.6票	33.3票
÷4	50票	50票	25票
÷5	40票	40票	20票
議席数	2議席	2議席	1議席

Bの獲得議席は、合併前は二議席でした。しかし、合併しても二議席と変わりません。したがって、③の選択肢が誤りとなります。

このように、ドント式がわかると、センター試験の問題が解けるのです。ぜひ、国政選挙の翌日の新聞をみてみましょう。そこに掲載されている比例代表の数字が、この知識でわかるはずです。

第5節　衆議院と参議院の比例代表の立候補者の違い

同じ比例代表でも、衆議院と参議院では立候補者が異なります。衆議院は、祖父、父などが国会議員の、いわゆる世襲《せしゅう》議員が多く、参議院は元スポーツ選手、評論家、タレントなど、テレビなどマスメディアに出ている人が多いです。

この違いは、先ほど説明した衆議院と参議院の選挙区の違いに関係します。

選挙で勝つために必要とされるものに、「三バン」と言われるものがあります。「ジバン（地盤）」「カンバン（看板）」「カバン（鞄）」のことで、「ジバン（地盤）」は、選挙区内の支持者の組織（後援会）、「カンバン（看板）」は知名度、「カバン（鞄）」は、選挙資金のことを意味しています。

衆議院選挙では、全国を一一ブロックに分けています。そのため、「ジバン（地盤）」と「カンバン（看板）」が大きく関係します。親から引き継いだ後援会と、地元の知名度で、小選挙区に立候補します。多くの場合、小選挙区で落選しても、当選者と接戦になります。そのため、比例代表での復活当選も十分可能です。

これに対し、参議院は全国一区であるため、「ジバン（地盤）」よりも「カンバン（看板）」が重要です。つまり、どれだけ多くの有権者に、知られているかです。そのため、参議院の立候補者は、元スポーツ選手や評論家、タレントなどが多いのです。

この違いが、投票用紙の記入方法にも関係します。衆議院は、政党名だけしか記入できません。しかし、参議院は政党名だけでなく、候補者個人の名前も書くことができるので、有名人のほうが有利です。そう考えると、この違いは偶然ではなく、必然といえるでしょう。

さらに、参議院の比例代表は、名簿に順位のない「非拘束名簿式」です。名簿に順位がないのに、どのように当選を決めるのでしょうか。そこで、投票用紙に候補者個人の名前を書かせることに、意味があるのです。

つまり、投票用紙に候補者個人の名前を書かせることで、候補者個人の得票数が算出できます。この候補者個人の得票数の多い順に、当選が決まっていくのです。そのため、参議院の比例代表は、選挙というより、人気投票の感が否《いな》めません。こうした比例代表制の違いが、候補者の顔ぶれの違いになっているのです。

多くの国民は、選挙結果だけを見てしまいます。このように、選挙制度や衆議院と参議院の違いなどをみていくと、いろいろな発見があると思います。また、選挙結果との関係もみえてくるでしょう。

これをきっかけに、選挙に関心を持っていただければ幸いです。さらに、選挙についての知識も増えることでしょう。

本書を読んだ上で、今後の国政選挙をみてください。今までと違った見方になっているはずです。その結果として、政治に関心を持ってくだされば、うれしいかぎりです。

第5章

地理

——自分の中に眠る「地理的思考能力」を開花させよう！

第1節　ソルトレークシティは、どこにある？

突然ですが、皆さんは「ソルトレークシティ」という都市がどこにあるか知っていますか？「知っている」という方もいれば、「あ〜、何か聞いたことはある」と、もどかしく感じる方もいるかもしれません。

正解はアメリカ合衆国です。二〇〇二年のソルトレーク冬季五輪の記憶から国名が浮かんだ方、もしくは、昔テレビ番組で放映されていた『アメリカ横断ウルトラクイズ』のチェックポイントの中にソルトレークシティがあったはずだ、というように思い出した方もいるでしょう。

では、「ソルトレークシティ」が、広大なアメリカ合衆国のどこにあるかわかるでしょうか？

急に問題が難しくなりました。しかし、ここで補足しておきたいことは、問いかけが変わっているということです。最初は「知っていますか？」でしたが、次は「わかりますか？」というように変わっています。

少し「ソルトレークシティ」という言葉に注目してみましょう。

直訳すると「塩の湖の都市」ということです。湖の水が蒸発してしまって、塩分が表面に敷き詰められている湖が想像されます。これは相当乾燥している地域にあるのではないか、とも思えます。

では、アメリカ合衆国のどこが乾燥しているのだろうか……、やっぱりわからない……。

しかし、諦めるのはまだ早いと思います。もう少し粘ってみましょう。

アメリカ合衆国の周りには海が広がっています。海の近くは、海洋から蒸発した水分が入ってきやすい環境にあるため、普通は乾燥しないと考えられます。すると、ソルトレークシティは、きっとアメリカ合衆国の内陸地域のどこかにあるということになります。

しかし、そもそも乾燥しているところになぜ湖があるのだろうか？　そんな疑問も湧《わ》き起こります。

ちょっともったいぶり過ぎました。そろそろ正解を発表することにします。ソルトレークシティはアメリカ合衆国西部に位置するロッキー山脈の西部のふもとに存在しています（図1）。

まず、なぜ乾燥するかということを簡単に説明しましょう。

図1　ソルトレークシティの場所

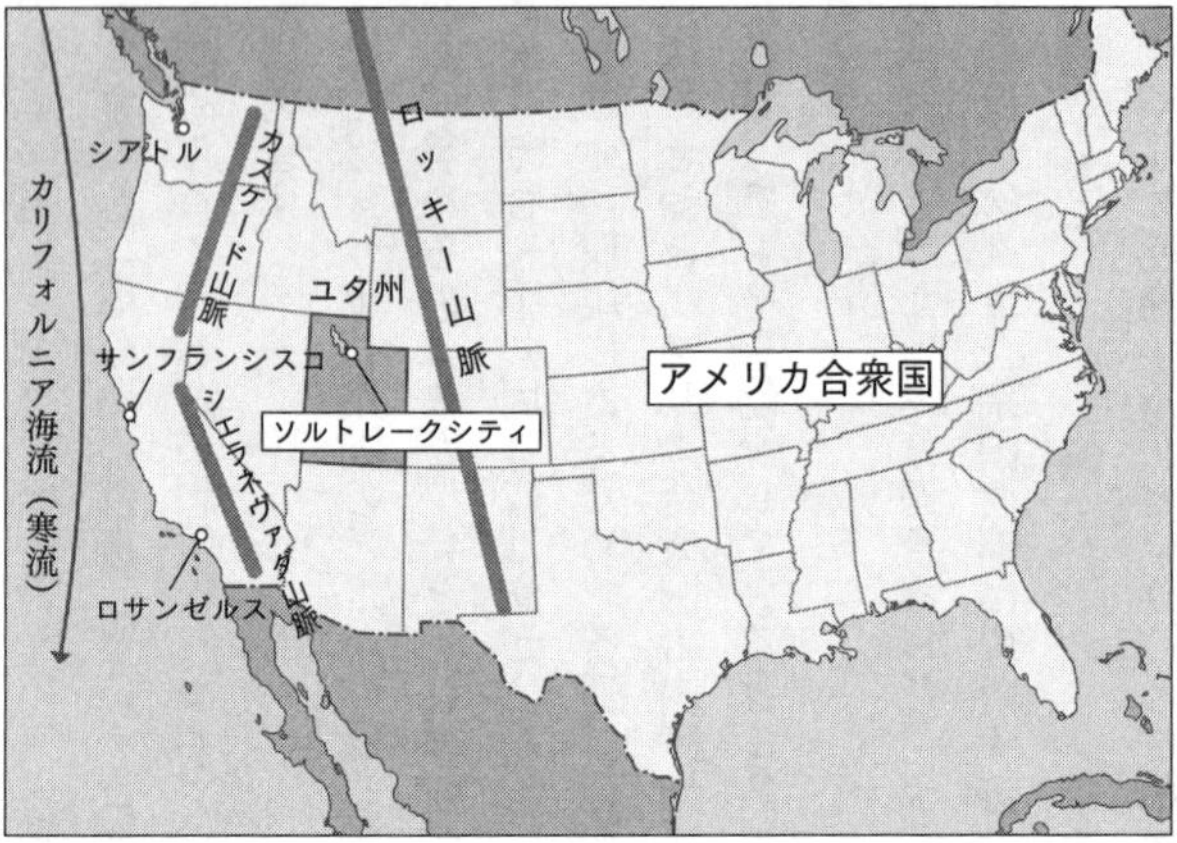

北アメリカ大陸の西側を流れている海流は寒流で、温かくありません。冷たい海水が強烈な勢いで蒸発することはないため、付近に水分をもたらさなくなります。ですから、アメリカ合衆国西部は基本的には乾燥しています。

次に、湖が形成される理由です。先ほど出てきたロッキー山脈に、その原因があります。ロッキー山脈は、最高峰が約四五〇〇メートルほどの高い山脈です。山頂には氷河が存在しています。

この氷河の雪解け水などが川となって「グレートソルト湖」に入ります。だから、雨が降らない乾燥地域でも、川から水が供給されて湖が形成されることになります。

こうして、山頂から流れてくる水が、山の斜面や森林地帯を通るときに、岩石や植物などに含まれていた塩分を水の中に溶かし込んで、湖に持ち込みます。その後、乾燥度の強さから湖水だけ蒸発していき、塩分が表面に集まって「グレートソルト湖」ができあがります。

よって、近くの都市の名前も「ソルトレークシティ」になっています。

第２節　地理の面白さはどこにある？

雲をつかむような質問から始めてしまいましたが、こういう問いこそ地理の神髄《しんずい》だと思います。

現在の地理の教科書は、大きく分けると「系統地理分野」と「世界地誌分野」に分かれています。

言葉は難しそうですが、簡単にいえば「系統地理分野」というのは、地形、気候、農牧業……などのように、あるテーマに沿って学んでいく分野です。

たとえば、地形でしたら、高い山脈はどうして形成されるのか、扇状地《せんじょうち》はどうして扇状《おうぎ》に形成されるのか、といったことを理論的に学んでいきます。先ほど出てきたロッキー山脈の位置や高さも、この地形の範囲で学びます。アメリカ合衆国西部に寒流が流れていることは気候の範囲で学びます。

ただ、このように**テーマ別に無機質な知識を学んでいくことは、正直にいってさほど面白いものではありません**。この無機質な学びを色鮮やかな学びに変えてくれるのが「世界地誌分野」なのです。

系統立てて学習してきたことを融合《ゆうごう》させることによって、世界中のありとあらゆる場所の風土を理解し、そして想像することができるようになるのです。

世界のどんなに小さな土地であったとしても、そこで生活している人は、地形・気候・農牧業・鉱工業・人種民族・宗教言語・人口など、いろいろな条件に必ず影響を受けています。

「なるほど、この地域の人々の生活スタイルは○○○となるわけだ」とわかる喜びが、「世界地誌分野」を学ぶときには感じられます。

その一端が最初に出した「ソルトレークシティ」に関する問いです。地形と気候さえ学ぶだけで、「ソルトレークシティ」の場所や風土がわかるようになります。

したがって、地理の面白さは、目の前に広がっている景色でも良いし、目の前で営《いとな》まれている生活でも良いのですが、そういうものがなぜそのように表われているのかということを、地形や気候などの情報を総動員して考えることなのです。

そのために、**人から聞いた話やテレビで見た話なども含めて、自分の持っている知識を総動員します**。そして、考え、さらに調べたりするうちに、今まで以上に理解が深まり、地球のことをもっと好きになっていくと思います。

こうして得られる力が「地理的思考能力」なのです。ちなみに、歴史的思考能力とはあまり言わないと思います。もうみなさんの脳裏《のうり》には「地理＝考える科目」という図式が定着したのではないでしょうか。

第3節　地理的思考能力を開花させよう！

次は、さまざまなことを考えていけば奥深いことがわかるという感覚を、味わってもらいましょう。センター試験の問題（一部改題）を解いていただきます。**再び、みなさんの持っている知識を総動員してください。**

広大な国土をもつ中国では、自然や農業の地域特性をいかした多様な料理がみられる。次の①～⑥の文は、ウルムチ、シャンハイ、チョントゥー（成都）、ペキン、ホンコン、ラサのいずれかの都市を中心とする地域に特徴的にみられる料理について説明したものである。①～⑥の文に該当する都市をそれぞれ答えよ。

① 穀物の粉から作った料理が多く、肉まんや餃子《ぎょうざ》、麺《めん》類などの料理が代表的で、脂《あぶら》っこく塩味のきいた味付けに特徴がある。

② 特産の干しぶどうと味のしみた羊肉を使用した料理があり、コシのあるうどん料理も見られる。

③ チリソースを使った料理やマーボー豆腐が代表的で、香辛料を多く用いた酸味と辛味がきいた味付けに特徴がある。

④ 豊富な食材をいかした春巻やシューマイなどの点心《てんしん》やフカヒレスープが代表的で、淡《たん》白《ぱく》な味付けに特徴がある。

⑤ 川魚や海鮮を使ったあんかけ料理や小籠包（ショーロンポー）などの料理が代表的で、

濃厚な味付けに特徴がある。

⑥　粉末状にしたハダカオオムギにバター茶を少量加えて団子状にしたものが主食である。なお、バター茶はヤクの乳と岩塩を混ぜて攪拌《かくはん》して作られる。

〔二〇〇九年　センター地理Ａ　本試験（改題）〕

まずは、有名な中国四大料理から考えていきましょう。先ほどの問題文に挙がっている都市のうち、ペキンでは北京料理、シャンハイでは上海料理、チョントゥーでは四川《しせん》料理、ホンコンでは広東《かんとん》料理を食べることができます。

中華料理が大好きな方は、選択肢の文章を読んだだけで簡単に答えることができたかもしれません。そうでない方は、地図を見ずに選ぶことは難しかったかと思います。これからは地図を利用して見ていくことにしましょう。

料理の話を進めていくには、気候と農牧業の話も少しする必要があります。米は年間降水量一〇〇〇ミリメートル以上の多雨地域、小麦は年間降水量五〇〇〜七五〇ミリメートルぐらいの、やや乾燥した地域で栽培されることが一般的です。

中国の降水量分布の状況は、南東⇕北西の軸で分布が決まっています。図２を参照して

図2　中国の降水量分布

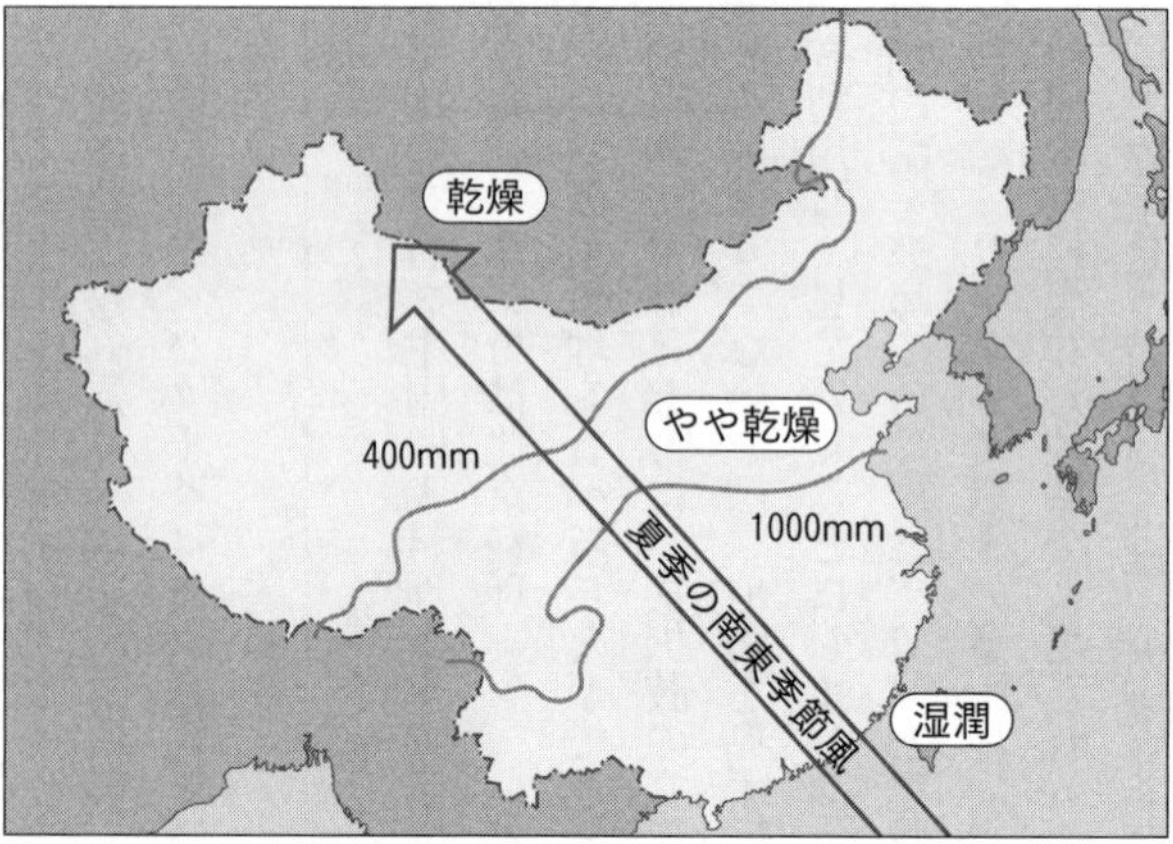

みてください。中国に降水量をもたらすのは、夏に吹いてくる南東の季節風です。海上の湿った大気が南東から北西に吹いてくることで、海に近く、蒸発した水分が降水として降り注ぎやすい南東地域が多雨地域になっています。

一方、離れた北西の内陸部は、水分が少なくなった風が吹いてくるため乾燥地域になります。中央部はやや乾燥しているぐらいの地域になります。

中国東部に注目すると、チンリン山脈とホワイ川を結んだラインがちょうど年間降水量一〇〇〇ミリメートルに当たっていて、このラインの北部がやや乾燥地域、南部が多雨地域になります（図3）。

米・小麦の気候的特性と中国の降水量分布を

図3　中国の地形環境と農牧業環境

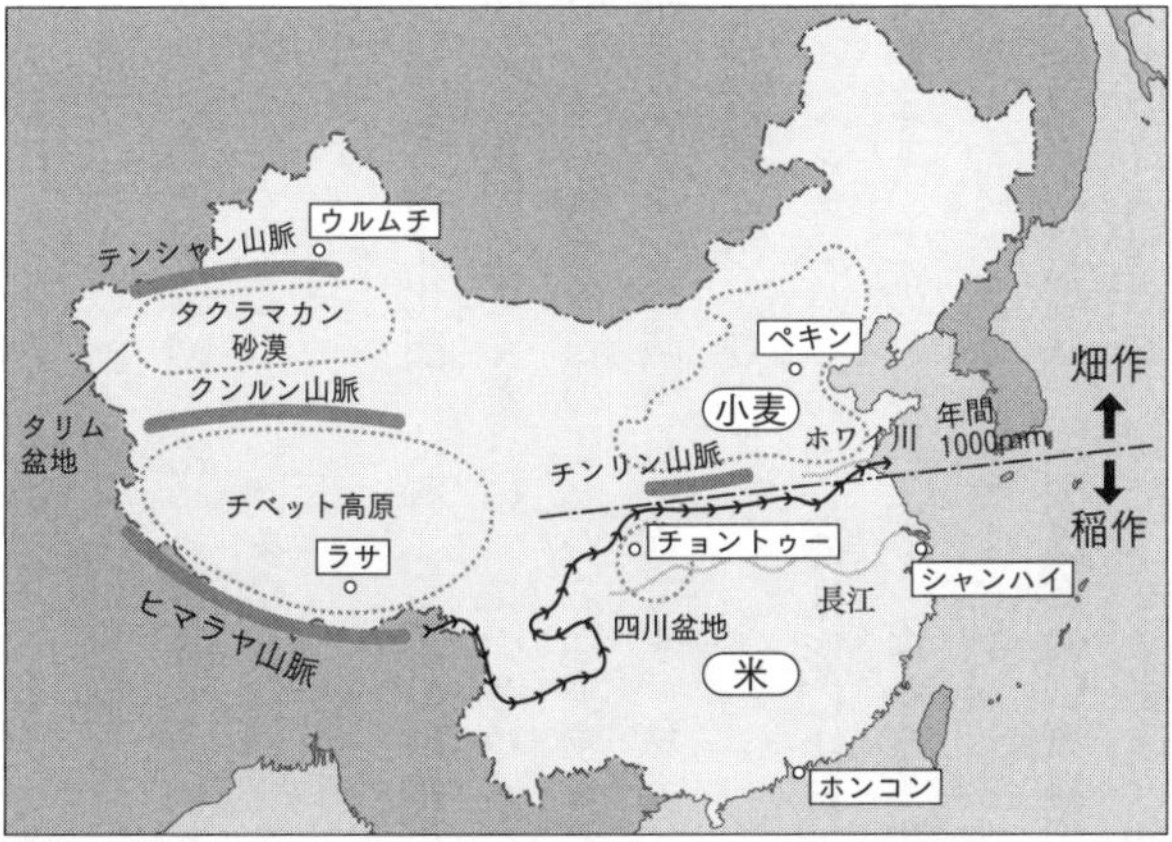

合わせると、「北部の小麦、南部の米」という状況になっています。

こうして考えると、小麦文化圏に含まれるのは北京料理だけで、残る三つの料理は米の文化圏に含まれることに気づきます。また、小麦は冷涼《れいりょう》な気候も好みます。たとえば、日本でも冷涼な気候の北海道で小麦の栽培が盛んです。

以上から、小麦の粉っぽい感じの料理が多くなりそうな雰囲気を持っている①がペキンに該当します。肉まん、餃子、麺類はいずれも小麦から作られます。

ちなみに、北京料理の素材には羊もよく使用されます。では、羊はどのような気候環境を好むと思われますか？　羊の生態を想像してみましょう。当たり前ですが、羊は年中ウールのコートを着ているようなものです。なので、湿潤《しつじゅん》地域を嫌い、寒い地域には適応することができます。

ペキンの北西地域の冷涼で乾燥している内モンゴル自治区（ゴビ砂漠に近い）では羊の放牧が盛んです。この羊の肉を腐《くさ》らないうちに仕入れることができるため、北京料理には羊が使われます。

次に、米の文化圏に位置する三つの都市の料理に移りましょう。

図3を参照してください。シャンハイとホンコンは海沿いにあり、チョントゥーが内陸に位置しています。このことから類推すると、魚介類が素材の中に入っている選択肢がシャンハイとホンコンに該当しそうです。フカヒレスープが入っている④と川魚や海鮮が入っている⑤が候補に挙がります。

ここでシャンハイの周りの地形に注目します。実はシャンハイは長江《ちょうこう》の河口付近に位置しています。この立地により、海からも川からも魚介類を獲ることができます。よって、⑤がシャンハイ、④がホンコンに該当します。

ホンコンの料理は、中国南方の広東料理の影響を受けています。広東付近は亜熱帯地方の高温多雨な気候のおかげで、さまざまな穀物や野菜類が育ち、野生動物も豊富です。

米も肉も魚も都市の近くで得られるため、採集した直後に食卓へ運ぶことができます。それゆえ、広東料理の味付けは、素材の味を残すために淡泊な味付けとなっているのです。

チョントゥーは四川省の省都なので四川料理の影響を受けています。この知識さえあれば、「四川料理は辛い特徴がある、辛い料理の典型例はマーボー豆腐である、よって③に違いない」と判断できたと思います。もちろん③はチョントゥーに該当します。

しかし、**問題は解けたとしても、どうして四川料理に辛いという特徴が生まれたのか、という疑問が残ります**。実は、四川省の大部分は四川盆地という地形が広がっているのです。盆地の地形は夏に非常に暑く、冬には非常に寒い、過ごしにくい気候につながります。かつ、四川盆地は年間降水量一〇〇〇ミリメートルを超えるほどの多雨地域です。高温多湿の気候によって体力が落ちてしまいがちです。

そこで、健康維持を図るために、唐辛子に含まれるカプサイシンの効果で発汗&新陳代謝《しんちんたいしゃ》を促《うなが》そうとして、辛い料理が生まれたわけです。

さて、残るウルムチとラサの判定に参りましょう。ウルムチが中国北西部の乾燥地域に位置していることを知っていれば、乾燥に適応する羊が飼育され、羊肉に特徴が現われると考えて、②に結びつけることができると思います。

ヤク

もしくは、ヤクという家畜。この家畜はかつて地理で受験した人は絶対に一回は聞いたことがあるくらい有名ではないでしょうか。チベット高原などの高度の高い地域でしか生育できない家畜です。よって、⑥がラサに該当することになります。

しかし、この話だけでは何も面白味がありません。そもそもウルムチで農業がどうして成り立つのかを考えてみたいと思います。ウルムチはタクラマカン砂漠付近に位置しており、乾燥度合いの高さだけを見たら、農業を営むことが難しい都市になります。

この謎を解く鍵は、中国西部に存在する三つの高い山脈にあります。北側から順にテンシャン山脈、クンルン山脈、ヒマラヤ山脈と言います。

少し地形の知識の話をしますと、テンシャン山脈とクンルン山脈は古期造山帯に含まれます。古期造山帯に含まれる山脈は、古生代《こせいだい》に造山運動を受け山脈が形成され、その後の雨や風などの浸食作用を受けます。

この結果、一〇〇〇メートル～二〇〇〇メートル程度のなだらかな山脈となった状態が一般的です。

ところが、テンシャン山脈とクンルン山脈はこの一般例と違って六〇〇〇メートル～七〇〇〇メートルの最高峰を持つ、非常に険峻《けんしゅん》な山脈になっています。この原因はインド大陸（インドプレート）の動きにあります。

みなさんは、現在、インド大陸とユーラシア大陸は一つになっているので想像が付かないかもしれませんが、四〇〇〇万年もの大昔に、二つの大陸は離れた位置にありました。インド大陸がもっと南の位置にあったのです。

もともと南の位置にあったインド大陸はプレートの動きにしたがって北上することになり、ユーラシア大陸に衝突しました。この二つの大陸の衝突のエネルギーで大地が高まり、最高峰八八四八メートルのヒマラヤ山脈が形成されました。

しかし、インド大陸の北上する動きは歩《あゆ》みを止めることをせず、さらに北側にあった地形に影響を及ぼします。

ヒマラヤ山脈のすぐ北側の大地を隆起させてチベット高原を形成し、もともと低かったテンシャン山脈とクンルン山脈も隆起させて険峻な山脈へと変貌させました。

このとき以降、中国北西部に大変革が起きたのです。テンシャン山脈が二〇〇〇メートル級ではなく六〇〇〇メートル~七〇〇〇メートル級の山脈になったことで山頂に氷河が形成されました。乾燥した砂漠の真ん中に水をたたえた地域が生まれたのです。

この山頂からの雪解け水が地表面に流れてくることによって、山のふもとでは農業が可能になったわけです。ウルムチはちょうど山のふもとに位置していますが、この位置でなかったら農業をすることは難しかったと思われます。

ウルムチ付近の山脈のふもとの地域では、やや乾燥した気候を好む小麦が栽培され、うどん文化が生まれました。また、ブドウも栽培されています。「このように乾燥した地域でブドウがあるのだろうか?」と疑問に思うかもしれませんが、日本のことを考えてみましょう。

日本では山梨県や岡山県でブドウが栽培されています。山梨県は甲府《こうふ》盆地で海から離れていて乾燥しています。岡山県も四国山地や中国山地に海からの湿潤風が阻《はば》まれて乾燥しています。このように、ブドウは少し乾燥している気候を好むのです。

こうして、山頂の氷河の恵みから小麦とブドウが得られ、乾燥気候を生かして羊の飼育が行なわれるようになったのです。

さて最後に、チベット高原の料理と、その背景にある農牧業を見てみましょう。ハダカオオムギという単語が選択肢の文章に書いてありましたが、大麦と同じように考えていただければよいでしょう。

大麦は小麦よりも寒冷な気候を好みます。海抜高度四〇〇〇メートルもある酷寒《こっかん》のチベット高原でも栽培されています。

そして、日本では馴染みのないバター茶ですが、これはヤクの乳に岩塩を入れて作ります。乾燥した気候で失われがちな脂肪分と塩分を、効率的に補給することができるため愛飲されています。

岩塩は、塩分を含んだ水分が、水分蒸発により塩分が濃縮《のうしゅく》し、結晶化したものです。ところで、チベット高原は海から離れた内陸に位置しています。塩分を含んだ水分が多く存在しているように想像することはできません。

この謎も実はインド大陸が解決してくれます。インド大陸とユーラシア大陸が衝突する際に、間に海洋が存在していました。

海洋を進んでユーラシア大陸に衝突したインド大陸は、間に存在していた海水の一部をユーラシア大陸の中に持ち込んでしまったのです。

この太古《たいこ》の海水が、時を超えてチベット高原で塩湖《えんこ》を形成し、岩塩が生成されることになったのです。チベットの人々はこの岩塩を持ってネパールに行き、ネパールで穀物や日用品を買ったりしていたようです。

ウルムチにせよラサにせよ、その当地の料理や農業がインド大陸の動きによって規定される部分があったことは、とても新鮮に感じられないでしょうか。「風が吹けば桶屋《おけや》がもうかる」風の話で、意外なこともあったと思います。

以上、ソルトレークシティと中華料理の話を見てきましたが、いかがでしたでしょうか？

現在の受験地理は暗記よりも思考能力を問う方向性に変わってきています。地理を学ぶことで、「考える」ことの楽しさも学べると感じていただければ本望です。

第6章

数学

——数字のトリックにだまされないようになる

第1節　数学を勉強すると何の役に立つ？

数学の学習の意義は「世の中に溢《あふ》れるいろいろな数値を正しく読み取ること」にあるのではないかと思います。大人になるといろいろな「数字」、たとえば、多くの人が関心を持っているだろう平均年収、テレビのニュースでお馴染みの降水確率や株価など、見渡すと意外にたくさんの「数字」に囲まれて生活していることがわかります。

国税庁が毎年発表している民間給与実態統計調査【注1】によると、二〇一四年度の年間平均給与は四一四万円だそうです。この数字を見て「そんなにもらってない！」とか「意外に少ない」とすぐに思った方は「平均」という言葉に惑《まど》わされて、正しい数字の見方ができていないかもしれません。

正規雇用やパートやアルバイトなどの非正規雇用も含めた平均給与が四一四万円であって、正規雇用だけでみると四七三万円、非正規雇用だけでみると一六八万円です。男女別でみると男性の平均が五一一万円、女性の平均が二七二万円です。

この平均も、女性の方が結婚してパートをしているなど非正規雇用が多いことを考えれば納得のできる数字です。もちろんこれに加えて、業種別の平均や世代別の平均もきちんと考慮して判断しないといけません。

このように**パッと数字を見たときにそれをそのまま鵜呑《うの》みにするのか、それともどんな意味やからくりがあるのかを考えられるかどうか**は、数学的な考え方やモノの見方ができるために大切なことです。

あなたも数字のトリックに振りまわされない、すなわち地に足の着いた人生が送れるようになります。今回は「データの分析」という高校数学の中でも特に身近なことにつながる単元から、世の中に溢れるさまざまな数字の見方を考えていきましょう。

第2節　数値の散らばり具合を図で表わしてみよう――四分位数《しぶんいすう》と「箱ひげ図」

みなさんは社員の平均月収が三五万円のA社と、三〇万円のB社のどちらで働きたいですか？　もちろん業務の大変さとか、仕事の質、労働時間などはまったく同じと仮定します。それぞれ一〇人ずつ社員がいるとして、社員別の月収を表1のようにすると、やはり平均はそれぞれ三五万円と三〇万円になっています。

表１　Ａ社とＢ社の平均月収（単位は万円）

	Ａ社	Ｂ社	
	120	42	
	35	40	
	32	30	上位の値の中央値がＱ３
	29	30	
	29	30	
	25	30	
	22	28	
	20	24	下位の値の中央値がＱ１
	20	23	
	18	23	
平均	35	30	

Ａ社の中央値Ｑ2は（25＋29）÷2＝27
Ｂ社の中央値Ｑ2は（30＋30）÷2＝30

でもよく見てください。Ａ社のほうは〝なんとなく〟給料にばらつきがあるように見えます（一二〇万円の人がうらやましい！）。そこで「中央値」というものを計算してみます。

中央値とは、数値を小さい順に並べたときにちょうど真ん中にある値のことです。数値が偶数個あるときは、中央にある二つの値の平均値を中央値とします（中央値はメジアンとも言います）。

もちろん、ここで言う平均値とは、すべての数値の合計を数値の個数で割ったものです。こうして計算するとＡ社の中央値は二七、Ｂ社の中央値は三〇となります。

この数値から、Ａ社では平均月収三五万円を超えている人は半分より少ないことがわかりま

表2　A社とB社の四分位数と箱ひげ図

	A社	B社
最大値	120	42
Q3	32	30
Q2	27	30
Q1	20	24
最小値	18	23
平均値	35	30

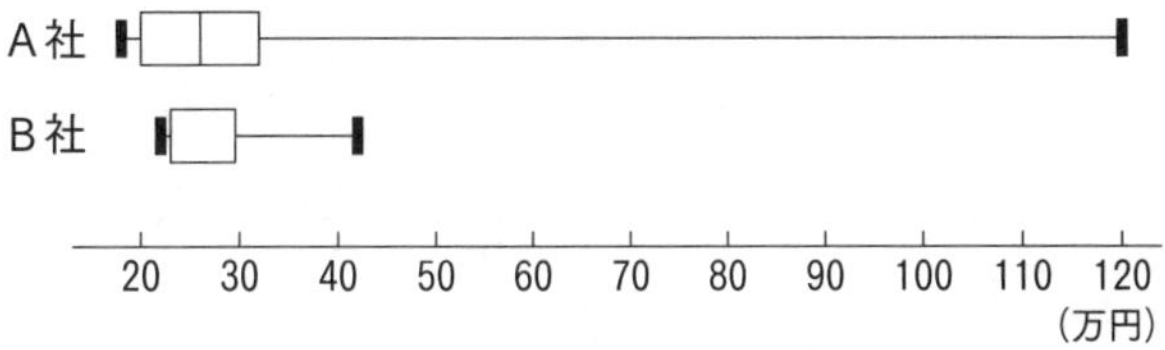

す。それに対してB社は、半分以上の人が平均月収を超えているようです。
　さらにもっと詳しく見るためには、社員一〇人を月収順に並べ替え、中央値を境にして上位グループと下位グループに分け、それぞれの中央値を計算します。下位グループの中央値を第1四分位数、上位グループの中央値を第3四分位数といいます。
　言葉はやや難しそうですが、簡単に言えばこうです。数値を小さい順に並べ替えたときに、第1四分位数（＝Q1）、中央値（＝第2四分位数＝Q2）、第3四分位数（＝Q3）によって四つのグループに分けて見やすくしたのです。そして、これらをわかりやすく図で表わしたものを「箱ひげ図」といい、表2のようになります。

この図で、箱から出ている二本の線の両端にある縦線は左にあるものが最小値、また右側にあるものが最大値です。なお、箱の中に引いてある縦線は中央値を表わしています。

箱が大きいほど数値にばらつきがあり、箱が小さいほど数値にばらつきがありません。これを見ると、A社は箱がB社より大きいので、B社に比べて月収にばらつきのあることがわかります。

平均値は考えている数値の個数が少ない場合、大きく外れた値（外れ値）に多分に影響されるので、平均値だけでは判断がつかないこともあります。そのようなときには平均値だけではなく、中央値を考える他にも全体の数値の中で最もよく出てくる値、最頻値《さいひんち》（モードともいいます）を考えることも必要です。

平均値や中央値、最頻値をまとめて代表値といいます。このように全体の数値の傾向を比べるには、平均値だけでなくさまざまな指標があるのです。**これらの道具を知っていれば、どんなに無作為でランダムな数字も、意味を読み取ることができるようになります。**

第3節　数値の散らばり具合を表わしてみよう——分散と標準偏差

では、箱ひげ図で同じぐらいの散らばり具合であると判断できるときは、どのようにしたらいいでしょうか？　散らばり具合を数の大きさで表わすことができれば一目でどちらの散らばり具合が大きいのかを判断することができます。それが分散や標準偏差です。分散や標準偏差を計算しておくと、似たような箱ひげ図になってもどちらのほうが散らばり度合いが大きいのかは数の大きさで判断できるので一目瞭然です。

分散とは各値から平均値を引いた値（＝偏差）を2乗した値の平均値のことです。また分散は値を2乗していることから単位が元の単位に対して2乗になってしまうので、それを補正するために分散の正の平方根（＝√をつけたもの）を考えたものが標準偏差です。さきほどと同じ数値を使って、分散と標準偏差を求めたものが表3のようになります。

ちなみに中・高校生にとって身近な偏差値は、標準偏差を用いて計算することができます。たとえば、一回目のテストで五〇点だったA君という生徒が、二回目のテストで八〇点だったらA君の学力は伸びたと判断できるでしょうか？

表3　分散・標準偏差

	A社の月収（単位は万円）	偏差（値−35）の2乗の値
	120	7225
	35	0
	32	9
	29	36
	29	36
	25	100
	22	169
	20	225
	20	225
	18	289
平均	35	831.4

この値がA社の分散
標準偏差は$\sqrt{831.4}$＝28.8・・

	B社の月収（単位は万円）	偏差（値−30）の2乗の値
	42	144
	40	100
	30	0
	30	0
	30	0
	30	0
	28	4
	24	36
	23	49
	23	49
平均	30	38.2

この値がB社の分散
標準偏差は$\sqrt{38.2}$＝6.1・・

答えはノーです。点数だけで判断できませんし、もちろん（外れ値を持つ）平均点で判断するのも早急です。

そこで、相対的な指標として偏差値を考えます。これは平均点を取った生徒からどれくらい離れているかを表わす指標になります。つまり、平均点の高いテストでは、なかなか高い偏差値を出すことはできませんが、平均点の低いテストで高得点をとると偏差値は高くなります。

偏差値を用いることによって、相対的に学力が伸びたかどうかを判断することができます。

第4節　二種類の数値の相関関係を図で表わしてみよう——散布図と共分散《きょうぶんさん》

平均年収や平均月収を考えるときに、世代ごとの平均を考えることが大事であると述べましたが、今度は年齢と月収に何か関連があるのか、それともほとんどないのかを調べていきたいと思います。

日本では長年、年功序列型の賃金形態が主流でしたが、最近では欧米型の能力主義による賃金形態が普及してきています。先ほどの月収に年齢を考慮して二社の賃金形態を考えていきましょう。

二つの数値の一方が増えた（減った）ときに他方も増える（減る）傾向にあることを正の相関があるといいます。つまり相乗効果です。足並みを揃えているといってもよいでしょう。

そして、その逆の一方の数値が増えた（減った）ときに他方の数値が減る（増える）傾向にあることを負の相関があるといいます。こちらはシーソーです。どちらにも当てはまらないときは相関関係はない、といいます。

これらを簡単に浮かび上がらせる方法が散布図を描くことです。散布図とは二つの数値を座標の上に落としたものです。縦軸と横軸に二つの数値をおいてみるのです。表4がA社とB社の散布図です。

A社の散布図ではひとりだけ大きく外れているのがわかりますが、そのほかの点は何か右上がりの直線っぽく集まっています。それに対してB社の散布図は点がまばらになっているのがわかります。

散布図を描いたときにA社のように右上がりの直線のように分布する場合を正の相関があ

表４　Ａ社とＢ社の月収と年齢と散布図

Ａ社		Ｂ社	
月収（万円）	年齢（歳）	月収（万円）	年齢（歳）
120	46	42	25
35	44	40	44
32	40	30	38
29	35	30	26
29	34	30	33
25	30	30	35
22	24	28	24
20	22	24	27
20	23	23	36
18	22	23	32

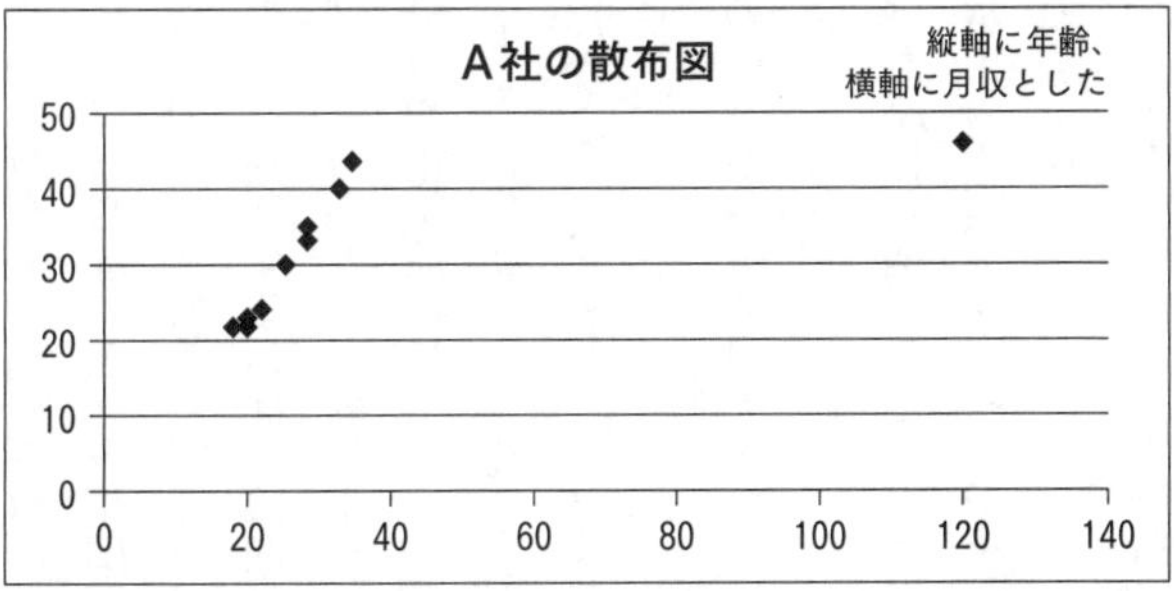

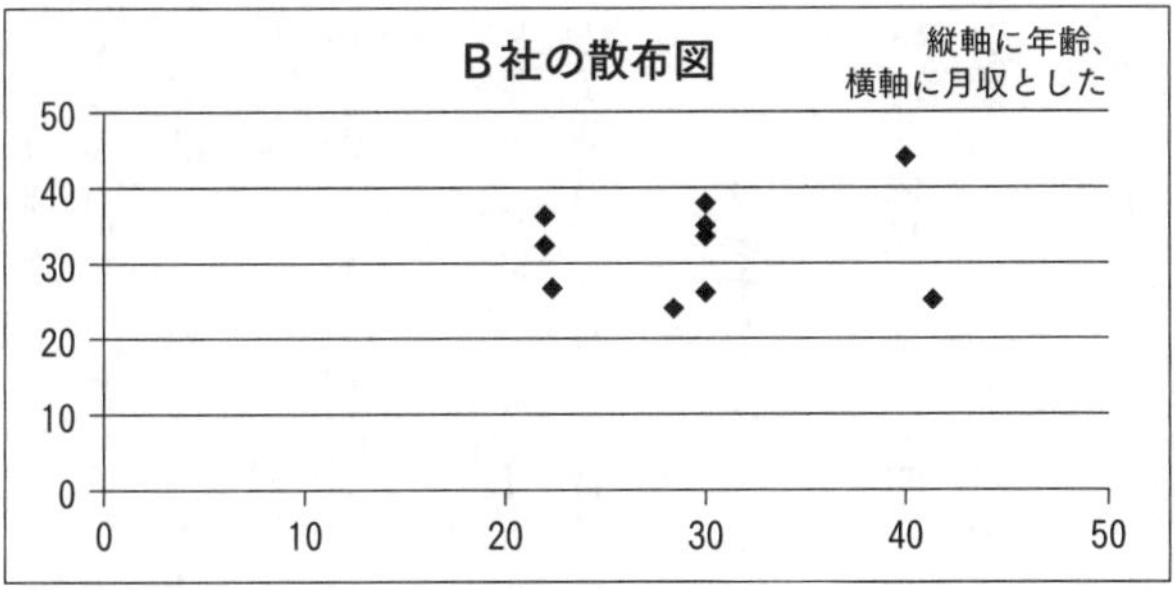

るといい、逆に右下がりの直線のように分布する場合を負の相関があるといいます。

また、B社のようにどちらにも当てはまらないときを相関関係はないといいます。今回の場合、横軸の幅がA社とB社で異なるので、もちろん、これだけではどちらの会社が年功序列型賃金なのか能力主義型賃金なのかを判断するのは、時期尚早です。

図で判断がつかない場合は散らばり具合のときと同じように数字の大きさで判断するものが必要になってきます。それが共分散や相関係数です。

まず共分散について考えていきます。共分散の定義は二つの値（この場合、年齢と年収）の偏差（=平均との差）の積の平均値です。少しわかりにくいので表5にA社、B社でそれぞれ計算したものを載せています。

この数値を見れば、確かにA社のほうが共分散が大きいことがわかりますが、なぜこのような計算で出てくるのか不思議議です。

実はこれは、中学生のときに習った座標が関係しています。縦軸と横軸によって四つの領域に分かれますが、右上のものを第1象限《しょうげん》、左上のものを第2象限、左下のものを第3象限、右下のものを第4象限といいます（表6）。

偏差とは平均との差のことなので、もし二つの数値がそれぞれの平均と同じであれば両方

表5　A社とB社の月収と年齢の共分散

	A社			
	月収(万円)	月収の偏差	年齢(歳)	年齢の偏差
	120	85	46	14
	35	0	44	12
	32	－3	40	8
	29	－6	35	3
	29	－6	34	2
	25	－10	30	－2
	22	－13	24	－8
	20	－15	22	－10
	20	－15	23	－9
	18	－17	22	－10
平均	35		32	

この二つの値の横同士の積の平均値が共分散！
→計算すると171.5となります

	B社			
	月収(万円)	月収の偏差	年齢(歳)	年齢の偏差
	42	12	25	－7
	40	10	44	12
	30	0	38	6
	30	0	26	－6
	30	0	33	1
	30	0	35	3
	28	-2	24	－8
	24	-6	27	－5
	23	-7	36	4
	23	-7	32	0
平均	30		32	

この二つの値の横同士の積の平均値が共分散！
→計算すると5.4となります

表6　共分散の符号と座標

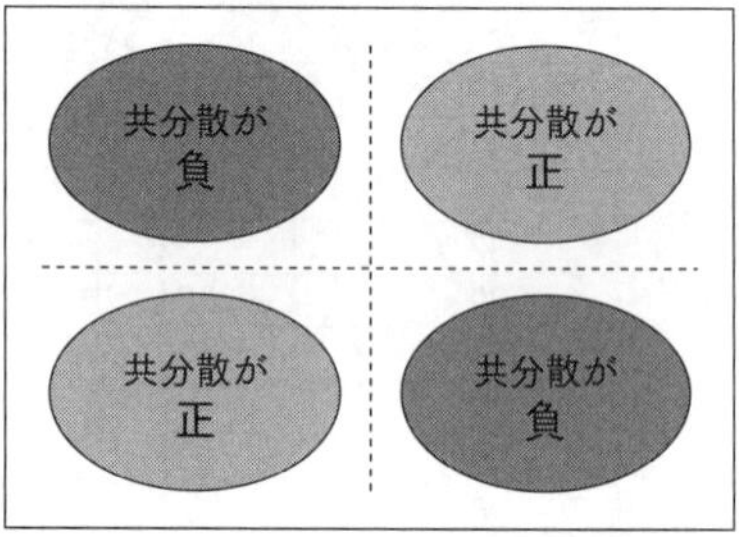

とも偏差は0になります。散布図を二つの値の平均値で四つの象限に分けたときに、原点（縦軸と横軸の交点）に対応するものが両方の偏差が0になる点です。

二つの値の偏差の積が正であれば、その点は第1象限（両方とも正）または第3象限（両方とも負）にあります。これは二数の積が正であれば元の二数が両方とも正または両方とも負となることから明らかです。

同じように考えると、二つの偏差の積が負であればその点は第2象限または第4象限にあります。簡単にいえば共分散は点全体が平均すると第1象限、第3象限に多いのか、それとも第2象限、第4象限に多いのかを表わしています。

しかし、**ここまで読んだ皆さんなら平均という言葉にきっと引っかかりを覚えるのではないでしょうか？**

もし外れ値が大きく影響を与えているとしたらこの数字も当てになりません。やはりこれも別の指標が必要になってくるわけです。

第５節　二種類の数値の相関関係を数値で表わしてみよう――相関係数

共分散を用いて相関関係を調べる方法だと、外れ値の影響を受けると正しく判断できないので、それを回避するために相関係数について考えていきます【注2】。係数とは便利なもので、何かの「ぶれ」を調整するときに使います。ここでは、なぜその数値や式なのかということではなく、便利なものがあるとだけ理解してお進みください。数学好きにはこうした算出の「論理」が楽しくてしかたないのですが、それはまたの機会にお話しいたしましょう【注3】。

さて、この相関係数とは、共分散の値を二つの数値の標準偏差の積で割ったものです。こうすることで、外れ値があって共分散の絶対値（＝0からどれだけ離れているか）が大きくなったとしても、その分標準偏差（≒分散）が大きくなることで分母も大きくなってつじつまがあいます。

表7にA社とB社の標準偏差、分散、そして相関係数を計算したものを載せています。

相関係数は必ずマイナス1と1の間にあり、1に近いほど強い正の相関があり、マイナス

表7　A社とB社の相関係数

	A社			
	月収(万円)	月収の偏差	年齢(歳)	年齢の偏差
	120	85	46	14
	35	0	44	12
	32	－3	40	8
	29	－6	35	3
	29	－6	34	2
	25	－10	30	－2
	22	－13	24	－8
	20	－15	22	－10
	20	－15	23	－9
	18	－17	22	－10
平均	35		32	
分散	831.4		76.6	
標準偏差	28.8		8.8	
共分散	171.5			
相関係数	0.68			

分散、標準偏差は小数第２位を四捨五入し、
相関係数は小数第３位を四捨五入した

	B社			
	月収(万円)	月収の偏差	年齢(歳)	年齢の偏差
	42	12	25	－7
	40	10	44	12
	30	0	38	6
	30	0	26	－6
	30	0	33	1
	30	0	35	3
	28	－2	24	－8
	24	－6	27	－5
	23	－7	36	4
	23	－7	32	0
平均	30		32	
分散	38.2		38.0	
標準偏差	6.2		6.2	
共分散	5.4			
相関係数	0.14			

分散、標準偏差は小数第２位を四捨五入し、
相関係数は小数第３位を四捨五入した

1に近いほど強い負の相関があることを意味します。0に近い場合は相関関係は（ほぼ）ないと考えます。

これを見ると、A社の相関係数は0・68で1に近いことから正の相関関係があり、B社の相関係数は0・14で0に近いことから相関関係はほぼないといえます。これでA社のほうがB社よりも年齢が高いほど月収も高い傾向にあることがわかりました。

これで第2節冒頭の問いに対して、**なんとなく印象で選ぶのではなく、確固たる根拠を持ってどちらの会社で働きたいか決められるのではないでしょうか。**

第6節　おわりに

大学の統計学の授業では、散布図上の点を一本の直線【注4】で近似し、それを関数化する「回帰《かいき》分析」なども登場します。これはさまざまなサンプル（＝標本）を検証して、そこから得られる値を予測することに他なりません。

たとえば、弁当屋で月ごと（あるいは週ごと）に売れる商品の種類や個数が予測できれば、どの弁当をどれくらい準備すればよいかといった経営戦略が立てられるようになります。もちろんあくまで予測なのでそれが正しいかどうかといった検証も必要です【注5】。

普段の生活では、確かに高校で学習する数学は役に立たないかもしれません。しかし、何かを客観的に判断するとき、数学的なアプローチの方法を知っていれば、そこから新たな指標が得られます。

そして、その指標を加えて判断すれば、物事を正しく判断できる可能性を大いに高めることができるでしょう。

世の中は本当にさまざまな数字が溢れています。その中で、どの数字が信用でき、どの数字が信用できないのか、きちんと見極める力は必要だと思います。

そして、その力は、数学を勉強する中で育《はぐく》まれ、身に付いていくはずです。これを読んでくださったみなさんが少しでも数学に興味を持ち、より一層、数学の勉強に励むきっかけとなれば幸いです。

【注】

注1：民間の事業所における年間給与の実態を給与階級別・事業所規模別・企業規模別等に明らかにし、併せて租税収入の見積り・租税負担の検討及び税務行政運営等の基本資料とすることを目的として国税庁により毎年実施されている調査です。

注2：実はこれでも完全に外れ値の影響が無視できないので、無視したい場合はスピアマンの順位相関係数を用います。大学で習う範囲になりますので、興味のある方は統計学の本を参照してください。単純に相関係数といわれるものは、ピアソンの積率相関係数といいます。

注3：相関係数とは二つのデータを数ベクトルとみなしたときの二つのベクトルのなす角の余弦（＝コサイン）を表わしているのでこのようになります。このように考えると、共分散は二つのベクトルの内積、標準偏差はベクトルの大きさと考えることができます。

注4：この直線を回帰直線といいます。

注5：これは統計学では「推定」や「検定」といった分野で扱います。

第7章

物理

——考え方の「型」と「試行錯誤」を学ぶ

第1節　飛行機が飛ぶ理屈は何？

物理は何の役に立つのでしょうか。よく引き合いに出されるエピソードに、物理のお陰で新幹線も走り飛行機も飛ぶ、というのがあります。ところが、この「飛行機が飛ぶ」理屈には意外な展開があるのです。大学受験の物理の解説の入り口として、この話題から始めたいと思います。

最近、ＭＲＪ（三菱リージョナルジェット）やHondaJet（ホンダジェット）のニュースなどを見ると、私（米田誠）は反省することしきりです。と言うのも、数年前までの私は平気な顔で**「飛行機が飛ぶ理屈はまだわかっていない。飛ぶもんは飛ぶんや」**と、物理の授業で生徒たちに言い放っていたからです。

私が大学・大学院で工学を学んだのは二〇年近く昔でした。このときに流体力学に基づいた揚力《ようりょく》理論を学びました。これは、ひと言で言うと、飛行機を持ち上げる力についての理論です。

この理論は、大学では「流体力学」という講義で習うのですが、当時の私には難解で閉口していました。そのため、最終的には大学院で流体力学をあまり用いない分野である構造力学の分野に進みました。

ただ、難解とは言っても、単位は取らないと大学を卒業できないのです。また、流体力学は大学院入試にも必要な科目でしたから、できるだけやさしい解説が書かれている専門書やそれに類するものを読み漁《あさ》り、なんとか理解したつもりになっていました。

しかし、二〇〇〇年ごろにアメリカのフェルミ国立加速器研究所のアンダーソンという科学者が「流体力学に基づく原理（等時間通過説）を用いた揚力の発生理論は間違いであり、空気と翼の間の作用・反作用によって揚力が発生する」と発表し、世の中のかなり多くの学者がその論を支持しました。

もちろん、私が読み漁った本やウェブでも、同様の解説をされたものも少なくありませんでした。そこで私は「何だ、飛行機が飛ぶ理屈（揚力の発生理論）はまだわかっていないいんだ」との認識を持ち、それを講義の内外で話題として扱うことがあったのです。残念ながら二〇一六年現在では、アンダーソン氏の「作用・反作用による説明」にも誤りが指摘されています。

ちなみに、このような経緯から、現在の私は生徒たちに**「飛行機が飛ぶ理屈は完成されて**

いるが、未だにその根本原理については議論がなされている」と伝えています。実際に航空機の設計現場では揚力の大きさをほぼ正確に、コンピュータ・シミュレーションによって算出することができるからです。

さらに、私は「基礎科学研究所」のホームページで解説されている「循環」と「渦糸《うずいと》」によるエ学的な解説を正しいと考えています（ただ、この解説も根本原理を解明することによってなされているわけではありません。たとえば、解説に用いられている「渦糸」なる現象については、重力のように『なぜ存在するのか根本原理は未だ解明されていないが、存在するものは存在するから受け入れて用いる』、というスタンスが必要です）。

さて、この「飛行機が飛ぶ理屈はまだわかっていない」についての私のエピソードに、もうしばらくお付き合いください。

私自身は「飛行機が飛ぶ理屈はまだわかっていない」という話を、どちらかと言うと自然に受け入れることができました。また、この話を聞いたからといって飛行機に乗ることが怖くなったりしたことはありません。

しかしながら、この「理屈がわかっていない」話を先輩講師（私の予備校講師としての先生にあたる方々）にぶつけたところ、「そうした理屈もよくわかっていないものに乗るなんて恐ろしい」との返答が返ってきました。

この感覚の違いの原因は一体何だろうか、と考えてみました。さまざまな原因が考えられますが、原因の一つとして『学び舎の違い』があるのかもしれません。先輩は『理学部出身』で理論畑の人間、そして私は『工学部出身』で実学畑の人間です。

私見ですが、理学色が強くなると「現象はすべて根本原理まで遡《さかのぼ》って理論的に説明できるはずである。説明できないのは理論が発見されていないだけであり、最終的には世の中の現象はすべて根本原理から理論的に説明できる」との考えが強くなります。

一方で、工学色（実学色）が強くなると、「理論は理論、根本原理から理論的に説明できなくても、事実・現象を受け入れてそれを正しく用いることができれば大きな問題ではない」、という考えが強くなるのです。

では、理学指向と工学（実学）指向のどちらのほうが良いのかというと、決して優劣を論じることができるものではありません。工学（実学）は理学がなくては成り立たないですし、もちろん理学も工学（実学）がなければその智恵を社会に還元することは難しいでしょう。

大切なのは、理学・工学（実学）どちらにとっても基礎である高校物理をきちんと理解す

ることです。そして、理学者は工学（実学）的な知見にも目を向けること、また工学（実学）者は理学的な思考にも目を向けることではないかと思います。

第2節　「探究タイプ」と「実学タイプ」

ここで質問を一つ出します。唐突ですが、一枚のお盆を持った高校生の姿を想像してください。そして、「お盆の重心を探して！」と言われたその高校生が、お盆を指で支えて「ここが重心です！」と答えたとします。

さて、皆さんは、この答えに違和感を持ちますか？　それとも、特に違和感は持ちませんか？

おそらく、ほとんどの皆さんは、違和感を持たないと思います。ただ、この答えに対して、「気持ち悪い」「ごまかしである」のような否定的な反応を示す人も、実は少なくないのです。

では、こうした人はどんな人たちでしょう。それは、「根本原理の追究を好む人」です。特に、理学部を卒業した人（以降、探究タイプと呼びます）に多い傾向があるようです。一方、工学や薬学などの実学寄りの学問を学んだ人（以降、実学タイプと呼びます）は、「別に違和感がないんじゃないの」と思います。

別の言い方をすると、数学や物理そのものを研究対象とした人は、違和感を持ちやすい。それに対して、同じ理系でも数学や物理学を「道具」として使っていた人は、特に違和感を持たないのだと思います。

では、「探究タイプ」「実学タイプ」それぞれのタイプに分けて、高校物理の学習のコツを以下では述べていきたいと思います。

一般的な指導指針としては、『物理の学力を伸ばすには、教科書の解説を読んで、公式や法則をきちんと理解したうえで覚え、使いこなす』と示されます。

ここで注意したいのは「理解したうえで覚え、使いこなす」です。これは物理の学力を『伸ばす』ために必要な要素です。そもそも学びはじめの人（つまり物理の学力がない人）がなかなか実践できることではありません。

「探究タイプ」の人は、必要以上に理解を深めようとしてなかなか学習が前に進まないでしょう。それに対して、「実学タイプ」の人は、深く考える前に『ワケガワカラナイ』と言って、学習をやめるかもしれません。

では、『伸ばす』前の段階、すなわち学び始めに取り組むべきことは何でしょうか。

それは、公式や法則を『使い慣れる』ことです。まず、簡単に解ける問題を繰り返し解くのです。実は、それだけで十分なのです。

そして、式の形や法則の使い方に慣れたころに、公式や法則の導出過程などについて理解を深めるようにします。そうすれば、もう物理は苦手科目ではなくなるでしょう。

ここにポイントがあります。つまり、**きちんと理解をしてから解くのではなく、ある程度基本問題が解けるようになってから理解する**。この勉強法が、高校物理の入り口で苦しんでしまう人を救う唯一の手段なのです。

第3節 「キライ」の克服

さて、**そもそも物理が「キライ」な方や学ぶつもりがない人に、「キライ」を克服するテクニックを伝授しましょう**。この話題を使って、「なぜ物理を学んだら良いのか」を解説します。

物理はちょっと苦手、もしくはキライという方は、みな中学校で初めて接する単元「力学」で躓《つまず》きます。高校受験では（たとえ苦手・キライでも）、公式の丸暗記や問題の解法の丸暗記によってある程度の得点はできます。ところが、いざ高校入学後に、改めて難度が上がった力学に接すると、キライに拍車がかかるのです。

そこで苦手でキライな生徒に「なぜキライなの？」と尋ねると、多くの場合に「イメージができない」と言います。もしくは、「（自分の持っている）イメージと合わない」と返ってきます。

実は、この回答は正しいのです。

おそらく彼らは、彼らの身の回りの現象と、高校物理で扱う力学とのギャップに苦しんでいるのでしょう。たとえば、高校物理でよく登場する『空気抵抗はない』『摩擦はない』というフレーズを考えてみましょう。現実の世界にはこうしたことはありません。

さらに、極めつけは『物体の大きさはないものとして考える』なる設定です。これは、『物体の大きさは無視できる』という言い方で使われますが、こうした状況はわれわれの身の回りには存在しません。そもそも、「大きさのない物体」なんて何のことかサッパリわからないでしょう。

そもそも人間は、実際に経験したことや目《ま》の当たりにしたことを元に、イメージします。

よって、高校物理とは相容《あいい》れない先入観を持ってしまいます。その結果、物理の世界をイメージしようにも、この先入観が邪魔してしまうのです。

こうした話をすると、「『物理はイメージが大事だ』と物理の先生に教わりました」との反論が返ってきます。そのとおり。おっしゃるように物理はイメージが大事です。

ただし、注意が必要なのは、物理の先生の言う《イメージ》と、物理に苦手意識を持っている人の《いめーじ》はまったく違うものなのです。

では、物理の先生が大事だといっている《イメージ》とは何でしょうか。それは《現象や状況の抽象的な表現》です。言い換えれば、《数式を含む文字式を用いた表現》なのです。たとえば、物理で最も重要な式の一つに、運動方程式があります。これは、ニュートンの運動第二法則という、文字式で表現されるものです。

ここからは、多少の数式を使って説明します。**数式にアレルギーのある方は、ちょっと気合いを入れて読んでください。**

この法則を文字式で表わすと、

$$ma = F$$

（ただし、ｍ：物体の質量、ａ：物体に生じる加速度、Ｆ：物体に外部から作用する力）

となります。

これを『ただの計算式』として捉えるのではなく、この数式がどのような状況を表現しているかを《イメージ》する力が大事なのです。

正しく《イメージ》できる人は、この運動方程式を、

「質量ｍの物体に加速度ａを生じさせたのは力Ｆである」とか、

「質量ｍの物体に外力Ｆをかけると加速度ａが生じる」と捉えています。

もしかしたら、いちいち言葉に言い換えるのではなく、図１のように、文字通り《イメージ》している人も多いかもしれません。

以上のように、高校物理に苦手意識を持たないためには、二つ大事なことがあります。すなわち、

①高校物理で扱う状況と身の回りの現実を同一のものとして考

図１　運動方程式のイメージ

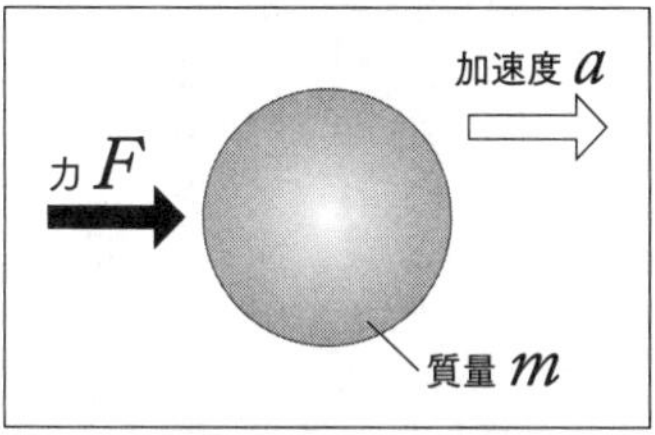

えないこと（つまり、先入観を持たないこと）、

②公式や法則を計算式としてではなく法則（ルール）を表現するための『言葉』として捉えること、

の二項目です。

とはいっても、「どうしても先入観に捕らわれてしまう！」という人も多いかと思います。そうした皆さんへ、打って付けの処方箋があります。どうしても《いめーじ》をしてしまう力学からではなく、電磁気から学習を始めてみてはいかがでしょうか。力学に苦しんでいる生徒さんでも、電磁気の学習が進むにつれて、不思議と力学の成績が劇的に向上する場合があります。

というのは、電磁気に関しては、身の回りの現象として目の当たりにすることがないからです。たとえば、**電気コードを流れる電流を見たことなんてないですよね？** つまり、電磁気の学習では先入観の持ちようがなく、頼りになるのは教科書に書いてある物理法則だけ。ここで、与えられた「物理法則にのみ従って考える」という作業に慣れるのです。こうすることによって、力学でも同様に、物理法則にのみ従って考えられるようになります。

ぜひ電磁気の簡単なテーマ（直流回路など）から始めてみてください。

第4節　「受用」と「試行錯誤」を身に付ける

ところで、なぜ高校物理（特に、入り口で学ぶ力学）では「空気抵抗や摩擦がない」といった現実にはありえない状況について学ぶのでしょうか。

それは、実際にわれわれの身の回りにある状況が、文字式（物理を主とする科学の特徴でもあります）で表現するには複雑すぎるからです。ちなみに、文字式で表わす行為は、まさに物理の特徴でもあります。

ですから、最初はかなりシンプルな状況で考えるのです。いわば、理想的にモデル化された状況を設定します。具体的には、空気抵抗も摩擦もなく、物体の大きさを考慮しなくて良いなどという、現実にはあり得ない状況です。

こうしたシンプルな状況で物体の動きや性質にまつわる本質のみを扱い、その状況を合理的に整理することを学びます。その後に、摩擦や物体の大きさや形状による影響を追加していき、われわれの身の回りに存在する状況に近づけていくのです。

そして、大学に入って、機械工学科や建築学科などの「ものづくり」に関する実学を学ぶことで、やっと現実が出てきます。つまり、われわれの身の回りに存在する世界にかなり近い状況を、文字式で表現できるようになります。

では、高校で物理を学ぶ目的は、身の回りのことを文字式で表現できるようになることでしょうか。言い換えれば「ものづくり」につながる知識を得ることなのでしょうか。

それは少し違います。もちろん、物理は「ものづくり」には必要不可欠な科目です。しかしながら、必ずしもそれだけが目的ではないのです。

もし、物理を学ぶ目的がそうした短絡的なものであれば、将来「ものづくり」に関係する道に進まない人には、まったく不必要な科目になってしまいます。たとえば、「ものづくり」に直接関係しない医学部や農学部の入試科目としては適さないでしょう。

では、何のために物理を学ぶのでしょうか。それは、「受用」と「試行錯誤」という二つの異なる姿勢を身に付けるため、であると考えます。「受用」とは「受け入れて用いること」、そして、「試行錯誤」とは「いろいろ試してみて、失敗を重ねながらも完成に近づけていくこと」です。

物理の学習はまず、正しいとされている基本的な法則（ルール）を受け入れ、正しく使いこなせるようになることから始まります。換言すると、「考え方の型（カタ）を身に付け使うこと（受用）」から始まるのです。そして、そこに主観や先入観を混ぜることは許されません。

そうした先入観のない「型（カタ）」を身に付けた後で、次にやっと「なぜこういう現象が起こるのだろう」と考えます。つまり、習得した「型」に従って、ああでもないこうでもないといろいろと考えるのです。これが取りも直さず、「試行錯誤」なのです。

ここで、ほとんどの場合には、納得できる結果を得て、「型」の素晴らしさを実感します。こうなると、「物理は面白い！」となるのです。

具体的に説明してみましょう。たとえば、夕焼けが赤いことと、晴れた日の空が青いことを、物理の文脈で取り上げます。

夕焼けの赤と晴天の空色は、同じ「型」で説明できます。ここで、必要な「型」は次の三つです。

型①——光は波長（波としての長さ）によって人の目に見える色が異なり、波長の長い順に、赤・橙・黄・緑・青・藍・紫となる。

型②——太陽光（白色光といいます）は、さまざまな色（波長）の光が混在した光である。

図2　地球の大気による太陽光の散乱

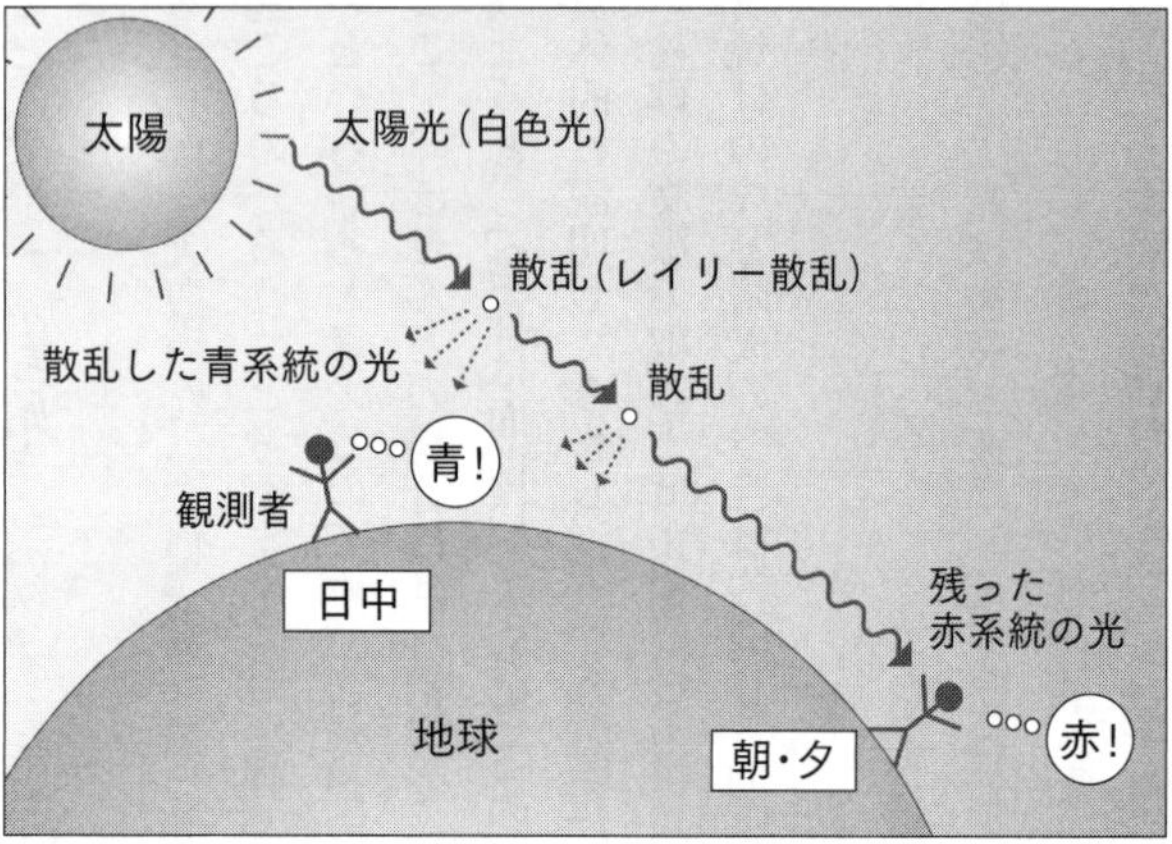

型③——地球の大気によって波長の短い青系統の光は散乱（四方に散らばること）しやすい（この散乱は、厳密にはレイリー散乱といいます）。

これらのことを使って、一気に解説しましょう。図2を見ながら読んでいただくとわかりやすいと思います。

まず、太陽から発せられ地球の大気に達した太陽光を考えます。

太陽光（白色光：型②）のうち、青系統の光は、地球の大気によって散乱（型③）します。その散乱した青系統の光が、地上の人間（以降、観測者といいます）の目に入るので、その観測者には空が青く見えます（型①）。

次に、太陽が沈みかけもしくは上りかけの、夕方もしくは早朝を考えましょう。この場合には、太陽光が観測者に向かってくる途中で、地球の大気によって太陽光に含まれていた青系統の光のほとんどが散乱（型③）してしまいます。その結果、最終的に、観測者には赤系統の光のみが届くのです。これは、青系統の色がなくなってしまったせいです。

こうしたプロセスによって、観測者の目には太陽が赤～橙《だいだい》色に見えます。つまり、地平線近くに見える太陽は、赤～橙色に見え、夕焼け・朝焼けの空となるのです。ちなみに、これらは高校物理の教科書にも掲載されている有名な内容です。

では、天球の他の星についても考えてみましょう。まず、月面から太陽を見るとどうでしょうか。

月面上には大気がないため、太陽光の散乱は起こらず、ダイレクトに観測者の目に届きます。つまり、太陽は、日の出・日の入りでも日中と色が変わらず白いのです。また、太陽光の散乱がないために、太陽とは逆側の空には、暗闇と星の輝きが見えます。すなわち、地球上でいうところの夜空が見えるわけです。

次に、大気のある火星についてはどうでしょう。

火星の地表面から空を見上げると明るい茶色〜橙色に見えます。これは火星の大気には、地球の大気に比べて非常に多くの塵《ちり》が含まれているせいです。その塵によって、太陽光に含まれていた赤系統の光が散乱し、観測者の目に届くからです（なお、この散乱は「ミー散乱」といいます）。

ということは、逆に日の出・日の入りでは、大気によって散乱されなかった青系統の光が観測者の目に届き、青っぽい空が見えそうですね。実際に、火星探査車オポチュニティーがはるばる火星まで行って、青く染まる日の入りの空を観測しました。つまり、理論で考えられることを、現実に観測によって確かめたのです。

ちなみに、この火星の空の色については、実は「完全に正しい」と言い切れないという考えもあります。なぜかというと、「肉眼で観測した人間がまだ誰もいないから」です。

ちょっとおかしな議論が始まったように思うかもしれません。しかし、ここには科学上の大問題が隠れています。

「青く染まる日の入り」とは、あくまで「NASAの発表を信じれば、正しい」となるわけです。たとえば、火星探査車から送信された映像はデジタルデータなので、発表の際に色も加工できてしまいます。ですから、火星の空の色は、現在の状況では断言できないのです。

それこそ、別の誰かが火星の日の入りを肉眼で観察して、今度は「赤かった」と証言したとしても、こちらも鵜呑《うの》みにできないのです。

話が少々ややこしくなりましたが、**ここには、事実と観測という重要な課題が潜んでいるのです**。

さて、ここまでで述べたような、「受用と試行錯誤」による思考訓練が、物理学習の醍醐《だいご》味《み》です。つまり、型を身に付ける《受用》と、その型に従って同じような状況についてあれこれ考える《試行錯誤》。この二つが物理では学べるのです。

ちなみに、「実は火星の色はまだ断言できない」のくだりは、実学畑で鍛えられる頭の使い方です。

では、大学に進んでも、同じように「受用と試行錯誤」が続くのでしょうか。

答えは「Ｎｏ」です。大学や大学院に進むと、さらに「探究」の要素が加わるからです。大学は既にわかっていることを学ぶだけの場ではなく、知られていないことを研究する場でもあるからです。したがって、探究の要素が強くなります。

ここで探究とは、「物事の本質などをさぐって見極めようとすること」です。たとえば、先ほどの「型③：地球の大気によって青系統の光は散乱しやすい」のはなぜかと考えます。

つまり、現象の奥底にあり、現象を支配している理屈を考えるのです。ちなみに、この青系統の光の散乱である「レイリー散乱」については、その理屈がわかっています。これを理論が確立している、とも表現します。

そして、探究を進めると、どうしても今ある「型」だけでは説明が付かない現象が現れます。さらに、「型」そのものが成立しない状況が出現します。

そこで、それまで受用していた法則を疑い、場合によっては否定する必要が生じます。ここで、いわゆる「型を破る」ときが訪れます。

「型を破る」ためには、今までの型がいかに重要で便利だったか、をきちんと説明できる必要があります。すなわち、「型を破る」ためには、前もって「型」がしっかり身に付いていないとならないのです。言い換えれば、**「型」の達人のみが、「型破り」が可能なのです。**

そして物理学では、旧来の「型」を破り新たな「型」を形づくるために、さらなる「仮説と検証による探究」を行ないます。これがプロの物理学者の仕事です。

第５節　「ワカル」ようになる

世の中の出来事は、それぞれが独立してオリジナルな現象です。一つ一つの現象を見ると、まったく別の出来事に見えるかもしれません。

ただ、そのオリジナルな出来事も、さまざまな「型」の複合体であると考えることができます。そう考えられるようになると、今まで「ワカラナカッタ」ことや「ハジメテミル」ことも、「ワカル」ようになります。

古くは、アイザック・ニュートンが木から落ちるリンゴと天体の運行を同じ「型」で理解しました。ここから近代物理学が始まったわけです。また、最近の例では、映画やゲームの画面が３Ｄに見える仕組みと、地球から遠く離れた星までの距離を測る仕組みは、同じ「型」で説明できます。

こうした「型」の物理的な説明は、ネット上には溢れています。大きな書店や図書館に行かなくても、居ながらにして物理の勉強ができるのです。

それらの解説を読みながら、多種多様ではあってもさまざまな現象に共通する「型」に触れることができます。ネットを活用しながら、高校物理を身に付けていくのも面白い学習法だと思います。

ただし、ネット上には物理学的に正しくない「トンデモ解説」も混じっているので、注意してください。

教科書を開くだけが物理の学習のスタートでは決してありません。まずは学習の手始めとして、身の回りにある「型」を探してみませんか。

第8章

化学

――セッケンと細胞膜は同じ？　身近な物質の名前から性質を読み解く

第1節　身近にある化学物質

昨今、食品の安全や健康食品に対する関心が強くなっていますね。そのせいか、テレビや雑誌、新聞チラシなどでたくさんの化学物質の名称を見かけるようになりました。

トランス脂肪酸、ヒアルロン酸、コンドロイチンなどなど。一度は聞いたことがあるのではないでしょうか。

また、私たちが生活の中で使っているものにもさまざまな化学物質が含まれています。たとえば、洗濯に使う合成洗剤に「アルキルベンゼンスルホン酸ナトリウム」という物質が含まれています。頭文字を取って、ABS洗剤と呼ばれています。もっとも、ABS洗剤は環境に負荷をかけるため、現在はLAS（直鎖アルキルベンゼンスルホン酸ナトリウム）洗剤という物質が主に使われています。

このように化学物質には長い名称のものが多いのです。この名称の長さや難解さが一因となって、一般には「化学=なにやら魔法の言葉」と思われてしまいがちですが、実は、この名称にはとても便利な仕掛けがあります。

それは、名称からその物質の「構造」を類推することができることです。そして、構造がわかれば「性質」もわかります。よって、**名前の意味を知ることは物質の性質を知ることになります**。

この章では、水との相性をキーワードにＡＢＳ洗剤を例に取って、実際に名前と性質を結びつけていきましょう。

では、ＡＢＳ洗剤はなぜ油汚れを落とすのでしょうか。テレビＣＭで、繊維《せんい》の隙間や食器の表面から油汚れをかき出すイメージ映像が流れています。この映像からわかるのは、合成洗剤が持つ次のような特徴です。

①油汚れが水と混ざり合いやすい状態になる。
②水が繊維の隙間に入り込みやすくなる。

これらの働きが揃って初めて洗浄作用を発揮します。ＡＢＳ洗剤にはこの二つの働きが備わっているのです。

水と油を混ざりやすくする働き――乳化《にゅうか》作用

まず初めに、①の「油汚れが水と混ざり合いやすい状態になる」について考えていきます。「水と油の関係」という言い回しがあるように、水と油はお互いに混ざり合うことはできません。化学では、油は『油脂《ゆし》』と呼ばれています。ABS洗剤は、水と油脂を混ぜ合わせることができます。それはどうしてでしょうか?

なぜなら、ABS洗剤は、水とも油脂とも引き付け合いやすい物質だからです。そのため、ABS洗剤は水と油脂を仲立ちすることができるのです。その結果、水と油が混ざりやすい状態になります。このような働きを「乳化作用」といいます。

他にも乳化作用を示す物質があります。たとえば、ABS洗剤とほぼ同じ働きをするセッケンや、缶コーヒーに含まれる乳化剤、マヨネーズを作るときの卵の黄身などです。

缶コーヒーには、油脂を多く含むクリームが加えられます。ですので、長い時間が経つと、油脂が分離してしまいます。これを防ぐために乳化剤が加えられています。

マヨネーズを作るときには、植物油と食酢《しょくす》が用いられます。食酢は水に溶けやすいという性質をもちます。しかし、油と容易には混ざり合いません。ところが、卵の黄身を加えると食酢と油が混ざり合うようになります。卵の黄身には「レシチン」という物質が豊富に含まれています。このレシチンが乳化作用をもっているのです。このため、食酢と油が混ざり合うのです。

表面張力を弱くする働き――界面活性作用

次に、②の「水が繊維の隙間に入り込みやすくなる」について考えていきます。

水分子は集まろうとする性質が強く、これを「凝集力《ぎょうしゅうりょく》が強い」と表現します。お互いしっかりと手をつないでいるのです。その結果、水は表面積の小さな状態になろうとします。この力を「表面張力《ひょうめんちょうりょく》」と言います。

たとえば、宇宙空間で水は、表面積の小さな完全な球体となって宙に浮きます。これは水分子が凝集した結果なのです。あるいは平らな面に水を一滴垂らし、横から見るとドーム状になります。これも同じ理由なのです。

このように水は凝集力が強いので、繊維の狭い隙間の奥まで水分子が入り込むことはできません。たとえば、密に織られた布に水を垂らした場合、なかなか染み込んでいかないことがあります。そして、水が繊維の隙間の奥にある汚れまで染み込んでいくことができなければ、汚れを落とすことはできません。

ＡＢＳ洗剤には、この表面張力を小さくする性質があります。水分子どうしが引き合って凝集するのを、ＡＢＳ洗剤が邪魔するのです。このＡＢＳ洗剤の働きを「界面活性《かいめんかっせい》作用」といいます。

つまりＡＢＳ洗剤を用いると、この界面活性作用によって、繊維の奥まで水が浸透しやすくなります。そして、繊維の隙間の奥にある汚れがかき出されるのです。このようにしてかき出された油汚れは、ＡＢＳ洗剤が持つ「乳化作用」によって水中に散らばっていきます。こうして、繊維の隙間の奥からも油汚れが取り除かれます。

油汚れだけでなく泥汚れが落ちる理由も、界面活性作用によるものです。泥汚れは泥の粒子が繊維の奥に詰まったものです。水だけでごしごし洗っても、水は繊維の奥まで行きません。そのため、なかなか汚れは取れません。

しかし、ＡＢＳ洗剤を使うと取れやすくなります。界面活性作用により、水分子が繊維の奥の泥汚れまで到達するからです。

図1　ＡＢＳ洗剤の分子構造

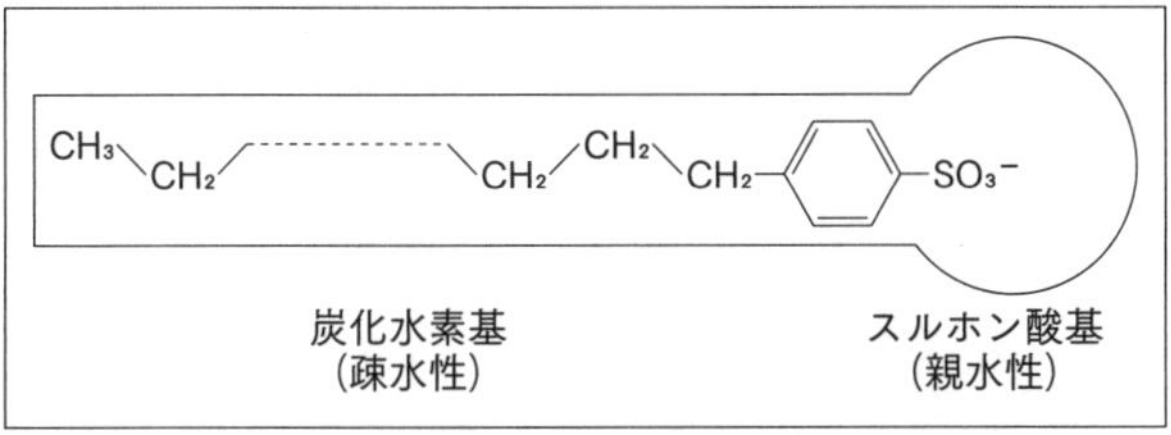

第2節　構造がわかると性質が理解できる

水となじまない構造——炭化水素基

ＡＢＳ洗剤の分子の構造は、教科書などに上の図1のように書かれています。一見するとややこしく見えますが、パーツパーツに分けて考えると性質がおのずと見えてきます。

炭化水素基《たんかすいそき》という部分があります。炭化水素基とは、炭素と水素のみが成分として含まれる原子のカタマリです。この炭素原子は、学校の授業では『手』を四本持つと教わります。

そのため、いくつもの炭素原子どうしが連なることができます。炭素原子が二本の『手』を用いて一列に結合したとします。すると、それぞれの炭素原子は『手』が二本ずつ余ります。この余っている『手』に水素原子が結合します。こうやってできるのが炭化水素基（CnHm–）です（図2）。

図2　炭化水素基

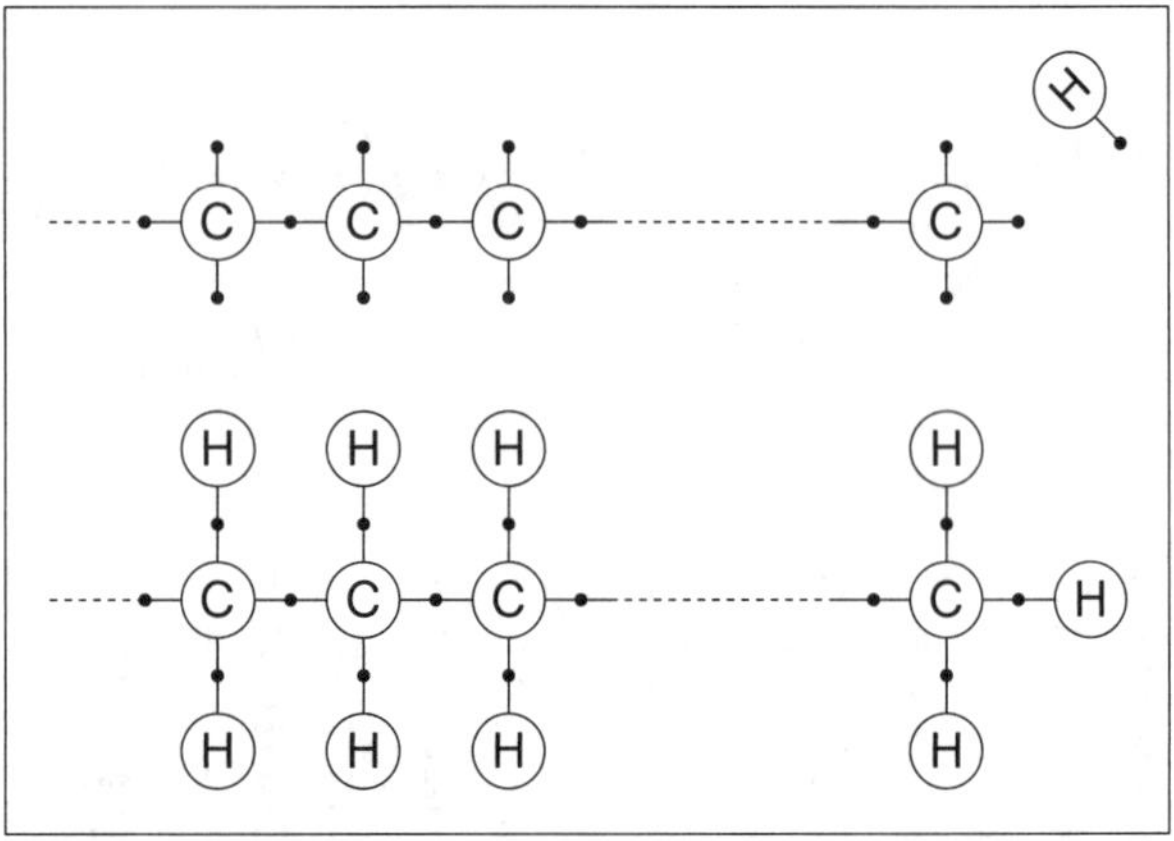

一方、「炭化水素」と呼ばれる物質もあります。炭化水素は、物質の全体が、炭素と水素だけでできています。代表的なものにメタン、プロパンなどがあります。

これらの物質の後ろに「ガス」という語を付けてみてください。聞き覚えがあると思います。そうです。燃料として利用している物質です。

さて、炭化水素には、水に溶けにくいという特徴もあります。たとえば、メタンガスは沼などで発生します。しかし、水に溶けにくいので泡となり水面に浮かぶのです。このため、メタンは「沼気《しょうき》」と呼ばれています。

炭化水素基の話に戻ります。炭化水素と同様に炭素と水素のみからできている「炭化水素基」は、「炭化水素」と同じく水となじみません（「疎水性《そすいせい》」といいます）。

分子中の類似する構造は、類似する性質をもたらします。ですからABS洗剤は、疎水性が強い部分を持っていることがわかります。

水となじみやすい構造——スルホン酸基

ABS洗剤にはスルホン酸基という部分があります。硫黄原子（S）と酸素原子（O）からなるカタマリです。図1では（$—SO_3^-$）と書かれている部分です。この、右上に添えられているマイナスは、イオンになっていることを示します。

イオンは水になじみやすいです。身近なものなら、食塩などが同様です。食塩はNa^+とCl^-という2種類のイオンからなります。水に溶かすと、食塩はこの二つのイオンに分かれます。

このように水中でイオンに分かれる物質を電解質《でんかいしつ》といいます。またイオンに分かれる現象のことを電離《でんり》といいま

図3　水中のABS洗剤

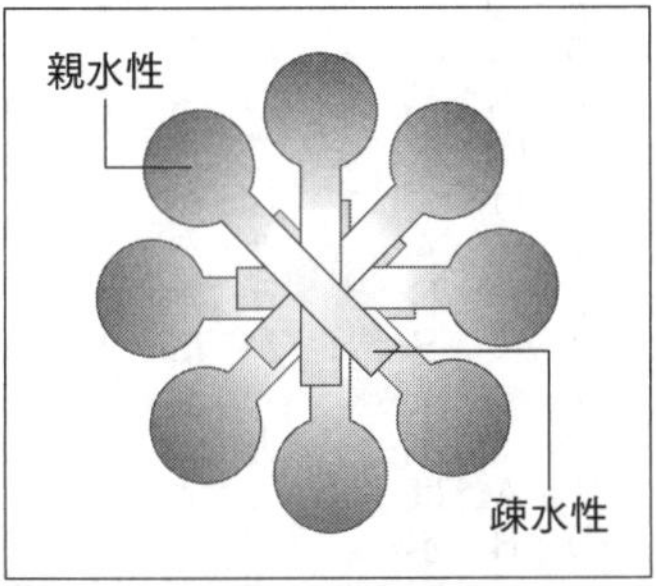

す。このイオンは水分子と引き付け合います。ABS洗剤もイオンになっている部分があります。ですので、ABS洗剤は親水性《しんすいせい》が強い部分も持っているのです。

ABS洗剤を水に溶かすと、親水性の部分が水と引き合います。では、疎水性の部分はどうなるのでしょうか。実は、疎水性の部分は水を嫌がった結果、疎水性の部分どうしで集まろうとします。

その結果、ABS洗剤は水中では図3のような状態で存在します。親水性の部分を周囲の水の方へ向けています。ABS洗剤の分子は水中で集まっているのです。

この図のようなカタマリのことを「ミセル」といいます。

ABS洗剤の分子と似た分子構造の物質①——セッケン

シャボン玉を作るときには、セッケン水を使います。ところで、なぜセッケン水の膜があのような球状になるのでしょうか。

実は、このセッケン水の中でもセッケン分子がミセルを形成しているのです。セッケンにも、水の表面張力を小さくする働きである界面活性作用があるからです。これも分子構造からわかります。

図4　セッケンの分子構造

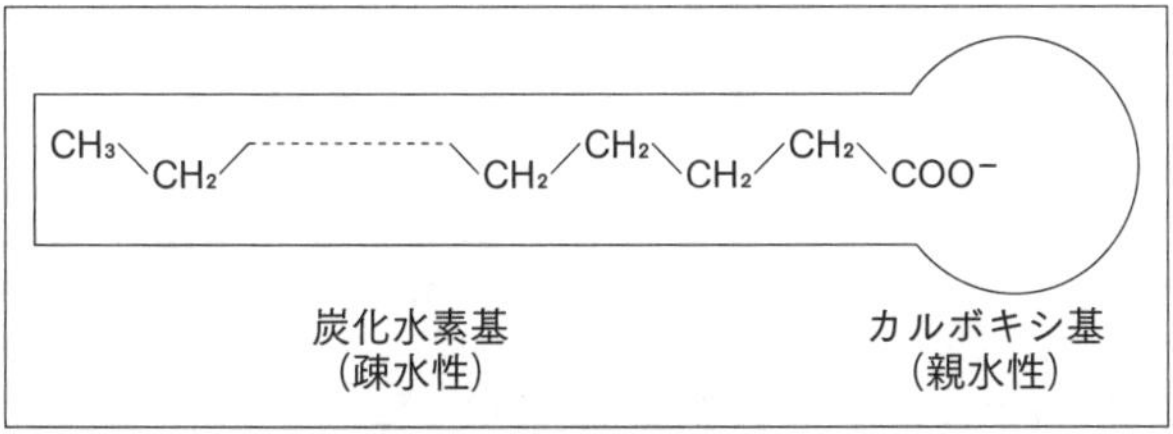

図5　水中のセッケンの分子

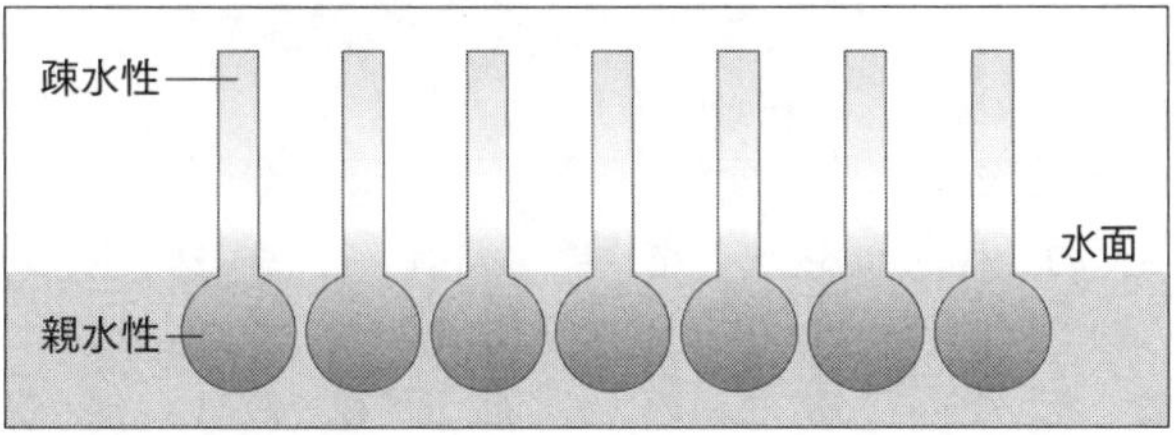

セッケンは上の図4のような構造をしています。

この図を見ると、ABS洗剤の分子構造によく似ていて、親水性を持つ部分と大きな疎水性の部分とを持つことがわかります。そのため、水中ではミセルを形成するのです。

一方、水中ではなく、空気と触れている水の表面ではセッケン分子はどうなっていると思いますか。実は、セッケン分子は上の図5のように倒立しています。

このように並ぶことによって、水となじみやすい親水性の部分は水面下で水と接しています。水となじまない疎水性の部分は、水の外に出ています。

図6　シャボン玉の構造

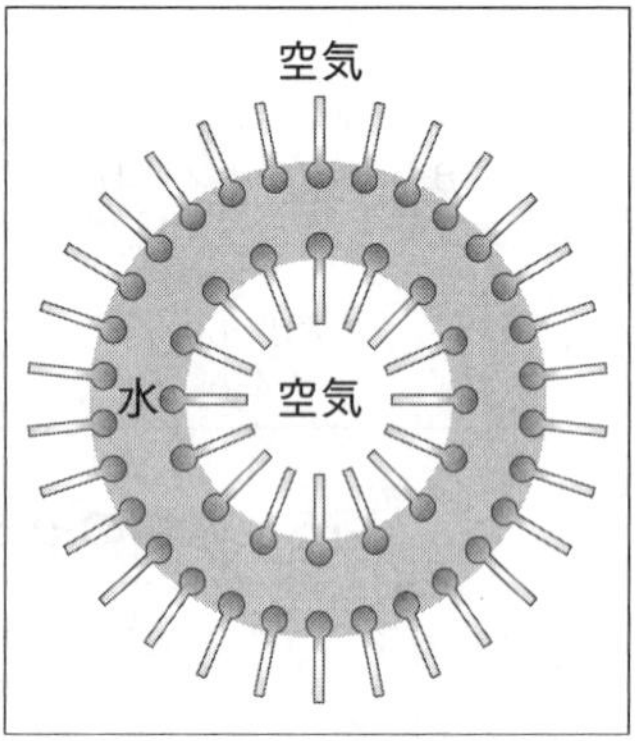

図7　二重層

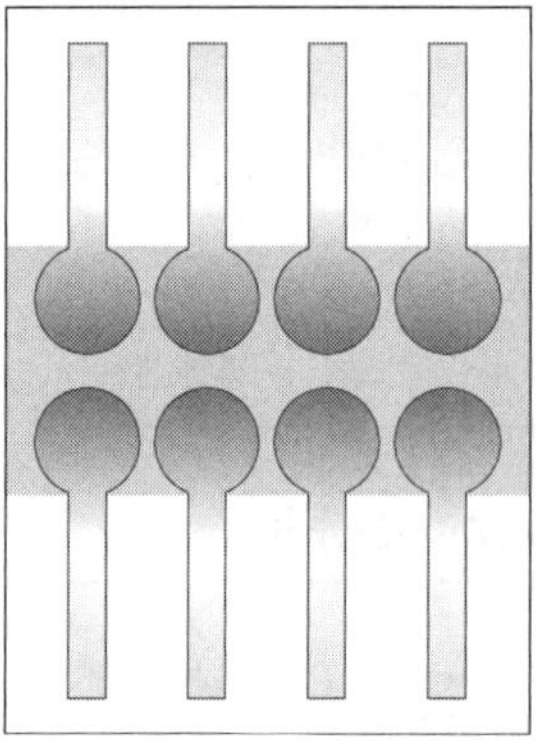

ところで、このように並ぶ際に、セッケン分子は水面に無数に存在する水分子の間に割り込んで入り込んでいます。すなわち、水面で水分子どうしが引き合うのを妨げることになります。

この結果、水の表面張力が小さくなるのです。これが界面活性作用の原理です。ABS洗剤やセッケンが界面活性作用を示す理由がここにあります。

したがって、セッケン水は平らな面に一滴垂らしても水のようなドーム状にはなりません。流れて広がってしまいます。また、空気を内包した状態で膜を広げることもできます。

そうしてできるのがシャボン玉（図6）なのです。単なる水は表面張力が大きいので、シャボン玉のような表面積の大きな広がった膜状にはなれません。ちなみに、シャボン玉では、セッケンの分子が

図8　レシチン

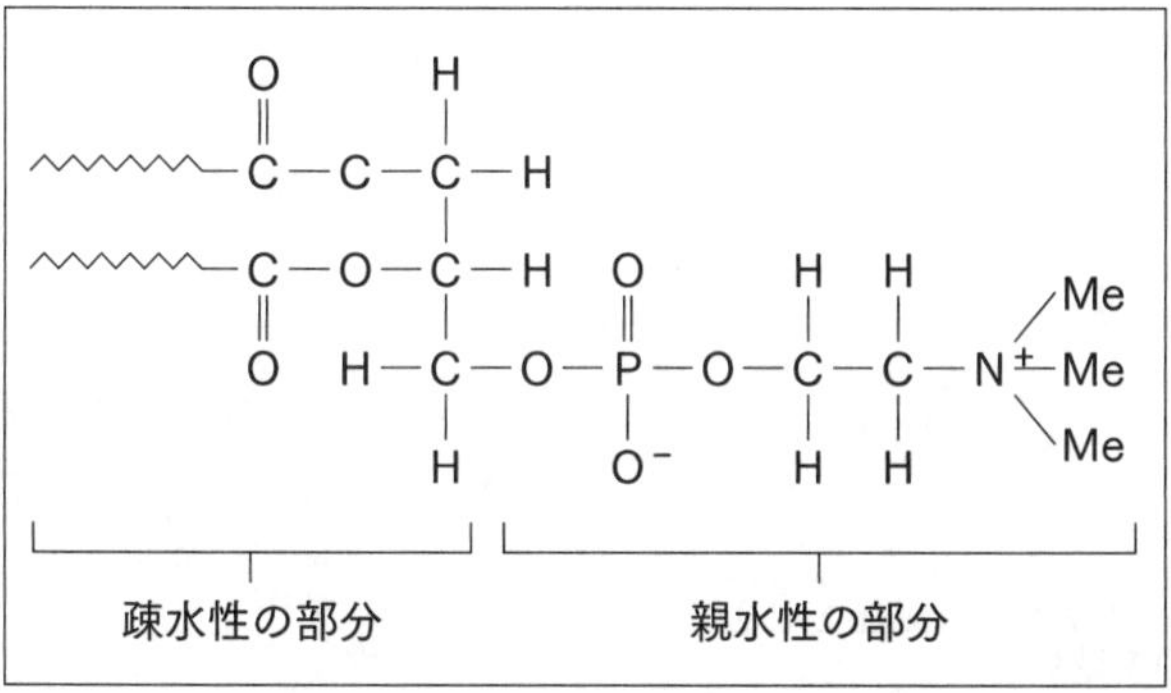

外部にも内部にも突き出している形になっています。

このような状態を「二重層（図7）」と言います。

ABS洗剤の分子と似た分子構造の物質②
——卵黄のレシチン

シャボン玉が形成していた二重層は細胞膜などでも見られます。細胞膜の場合は、細胞の内外に水が満ちています。また、膜の主成分は疎水性の物質です。そのため、シャボン玉とは逆の構造となっています。

すなわち、親水性の部分が膜の外に突き出し、疎水性の部分が膜の内側に向いています。細胞とは油でできたシャボン玉であり、そのシャボン玉の内部に核やミトコンドリア等があると捉えることができます。

また、マヨネーズを作る際に、食酢と油を分離させないため、卵黄を用いるという話がありました。卵黄

図9　油脂の分子構造

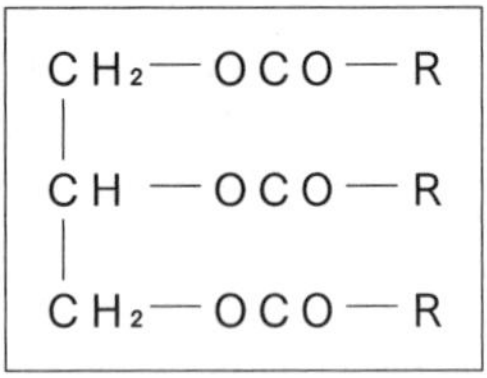

（—Rは炭化水素基）

図10　乳化作用

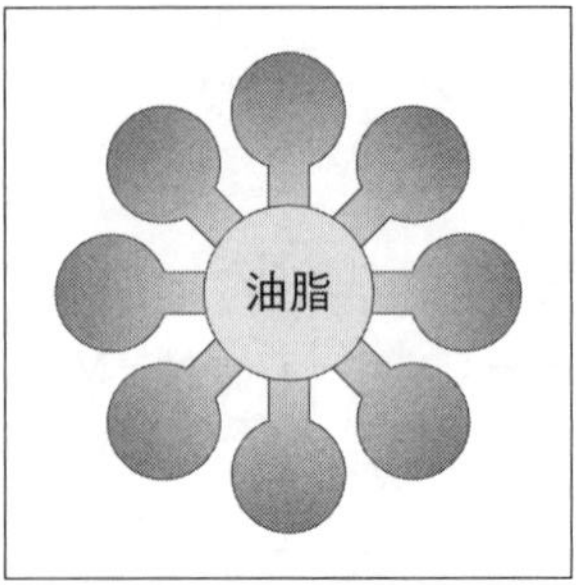

ABS洗剤が油脂を取り囲んでいる状態

は一つの細胞ですが、これが無数の細胞に分裂していきます。

この際、もちろん「細胞膜というシャボン玉」の材料が必要となります。このため、ABS洗剤と似た親水性の部分と疎水性の部分を併せ持つ構造の物質が含まれているのです。この物質をレシチン（図8）と言います。

油脂が水と混ざり合わないのも、構造から理解できます。上の図9は油脂の構造式です。

油脂の構造式には—OCO—と書いてある部分があります。これは、「エステル結合」と言います。あまり強い親水性を持たない構造です。そして油脂は、エステル結合以外は炭素と水素でできています。これは疎水性でした。したがって、油脂は分子全体としても疎水性ということになります。そのため、水と油は混ざり合わず二層に分離するのです。

冒頭で述べたＡＢＳ洗剤は、親水性の構造も疎水性の構造も持っていました。さらに、水と引き付け合わない構造どうしは、互いに引き付け合いました。そのため、ＡＢＳ洗剤は親水性の部分で水と引き合い、疎水性の部分で油脂と引き合います。

最終的にＡＢＳ洗剤は、油脂を取り囲むようにして結合します（図10）。この結果、水と混ざり合いやすくなるのです。セッケンやレシチンも、同様の理由で乳化作用を持ちます。

第3節　名称から物質の構造がわかる

物質名が合成洗剤の分子構造を教えてくれる

ＡＢＳ洗剤の性質は、構造を覚えておかなくてはわからないのでしょうか。答えはＮＯです。実はＡＢＳ洗剤の正式名称「アルキルベンゼンスルホン酸ナトリウム」が構造を教えてくれるのです。順を追って見ていきます。

図11　環状構造

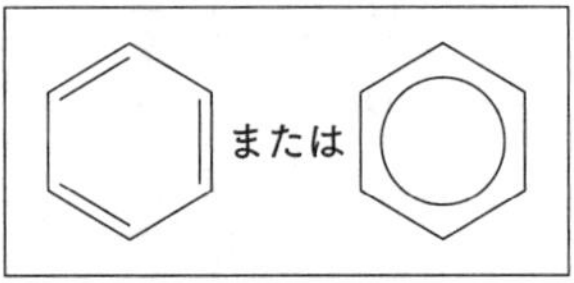

図12　ベンゼンの構造式

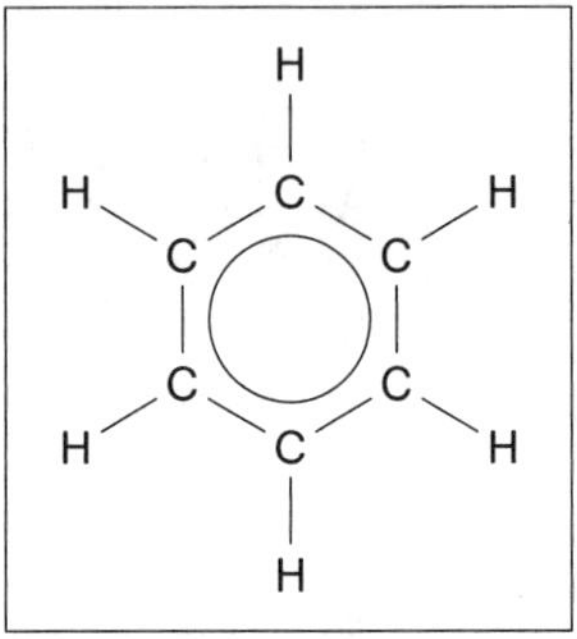

「アルキル」——炭化水素基

「アルキル」とは、先ほどの炭化水素基のことです。炭化水素基のことを「アルキル基」とも言います。したがって、アルキルベンゼンスルホン酸ナトリウムの名称の「アルキル」から「水に溶けにくい構造を持っている」と推察できるのです。

「ベンゼンスルホン酸」——ベンゼンにスルホン酸基が結合した構造

ベンゼンスルホン酸というのは、その名のとおり「酸」と呼ばれている物質の一つです。酸性やアルカリ性などの言葉は割と身近です。

酸が水に溶けると、その水溶液は酸性となります。酸味を持つ、青色リトマス紙を赤色に変えるなどの、酸性という性質を示す原因となっているものは水素イオンなのです。

このベンゼンスルホン酸は、その名のとおりベンゼンから合成されます。ベンゼンは一八二五年に鯨油《げいゆ》を分解したときの生成物から発見されました。しかし、長らくその構造は謎に包まれていました。

一八六五年にドイツの化学者ケクレによって、その構造が提案されました。図11のように、環状構造を含む構造です。発見された当時、環状構造という発想がない時代でした。したがって、彼の功績は計り知れないものがあります。

ベンゼンの構造式を、原子を省略せずに書くと、図12のようになります。炭素と水素のみからできた、炭化水素の一種であることがわかります。したがって、ベンゼンは水になじみにくい物質とわかります。

ベンゼンスルホン酸は、ベンゼンに強い酸である硫酸を反応させて合成しています。つまり、この物質は硫酸と同様に強い酸性を持っています。また、ベンゼンスルホン酸は20℃で水100gに約90g溶けます。このように、ベンゼンと同じ構造を持つものの、非常に水に溶けやすい物質です。

図13　アルキルベンゼンスルホン酸ナトリウム

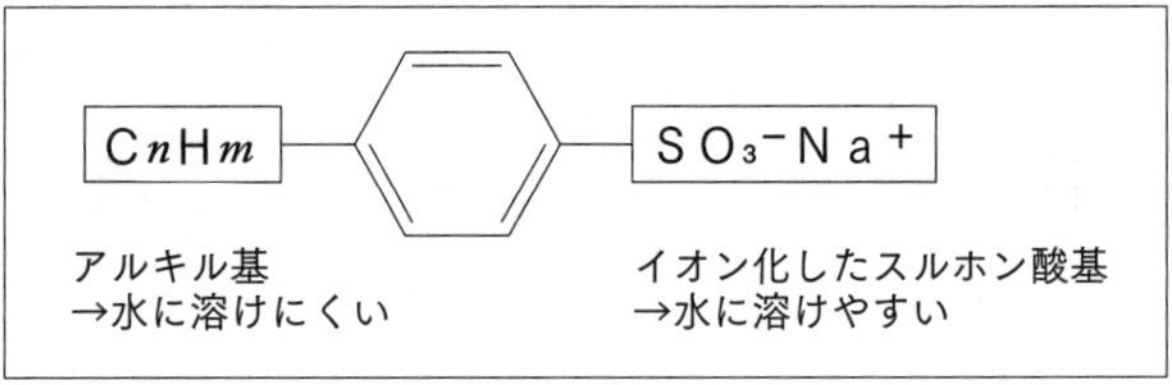

「ナトリウム」——金属元素ナトリウムを含む

ナトリウムという語はドイツ語です。英語では「ソディウム」といいます。そのため、ナトリウムが含まれる物質のことを、日本語ではソーダ（曹達）と呼んでいます。苛性《かせい》ソーダや重曹《じゅうそう》は、その名称から「ナトリウムが含まれている」ということがわかります。

食塩の主成分は、塩化ナトリウムという物質です。料理をしているときに、塩水が吹きこぼれると、炎の色が黄色に変化します。この現象を炎色反応《えんしょくはんのう》と言います。ナトリウムを含む物質を炎に入れると炎の色は黄色になるのです。また、ソーダという語や曹の字が付く物質は、ナトリウムを含んでいるのでした。ですから、苛性ソーダや重曹も炎に入れると、共通して炎は黄色になります。

ここまでの話をまとめます。ベンゼンスルホン酸ナトリウムは、ベンゼンスルホン酸イオンとナトリウムイオンからなります。つまり電解質であり、水に溶けやすい物質です。アルキルベンゼンスルホン酸ナトリウムは、これにアルキル基が結合した構造をしています（図13）。**このように名称を丁寧に見ていくと、構造や性質もわかるのです。**

ペットボトルの「ペット」って何？
――ポリエチレンテレフタラート

長い名前なので略されることも多い化学物質名ですが、名称を見ていくことで、その物質の構造や性質がわかるのは、ABS洗剤に限った話ではありません。

たとえばPETなどがあります。飲料用ボトルのことをペットボトルといいますが、その「ペット」とは、PETという略称で呼ばれる物質のことです。この物質の正式名称は、ポリエチレンテレフタラートといいます。

やはり、この名称には化学的な意味がありま

図14　身近な長い名称の物質の例

略称	英語	日本語	用途の例
ABS洗剤	Alkylbenzene sulfonic acid sodium salt	アルキルベンゼンスルホン酸ナトリウム	洗剤
PET	Polyethylene terephthalate	ポリエチレンテレフタラート	飲料容器
PP	Polypropylene	ポリプロピレン	繊維・フィルム
PVC	Polyvinyl chloride	ポリ塩化ビニル	パイプ・電線被覆
PLA	Polylactic acid	ポリ乳酸	生分解性プラスチック
PTFE	Polytetrafluoroethylene	テフロン	調理容具の表面塗装

す。

まず、「ポリ」と「エチレンテレフタラート」という部分に分けて考えます。エチレンテレフタラートとは、「エチレングリコール」と「テレフタル酸」という物質から合成される物質で、原料を表わしています。

「ポリ」というのは、たくさん結合している、という意味です。英語には「多数の」という意味を表わすpoly-という接頭辞があります。たとえば、polygon（ポリゴン）は、多角形という意味です。

つまり、ポリエチレンテレフタラートは「多数のエチレングリコールとテレフタル酸からなる物質」という意味です。なお、PETのように多数の分子が連なってできる物質をポリマーといいます。

このように**身近にある食品や薬品などで「化学」を感じることができます。まずは今目の前にあるものの成分表示を見てください。**物質名を見ることによって、自然と頭の中に化学の世界が広がっていきます。

学ぶ楽しさは、見えないものが見えたときに生まれます。化学の言葉がわかると、シャンプーも接着剤も食品添加物もみな別のメッセージを与えてくれます。

第9章　国語

——コミュニケーション能力を高めるための論理力

大学受験で英語や数学、また社会や理科は必死になって勉強したが、国語はあまりやらなかったという方がいらっしゃいます。**国語は勉強してもしなくても結果が変わらない、という受験生は、今でも少なからずいます。**

そもそも、何をどう勉強すればいいかわからない、と皆さん異口同音に言うのです。

どうして大学入試に国語があるの？

どうして一生を左右する大学入試に、国語教科があるのでしょうか。受験生の「コミュニケーション能力」を測っているというのが、その答えになります。

では、「コミュニケーション能力」とはどういう能力なのでしょうか？

「コミュニケーション（communication）」は、「共通の」という意味のラテン語「コミュニス（communis）」を語源としています。よって、コミュニケーションの元の意味は、「共通したもの」です。「コモン（common）」も同様で、「共に」という意味が含まれています。

たとえば、太郎くんが花子さんに「大好きだ」と言い、花子さんが太郎くんに「私もよ」と返したとします。ここで両者に「恋愛感情」が共有（共に有する）されました。これがコミュニケーションなのです。

太郎くんと花子さんの距離ならば、「大好きだ」「私もよ」くらいで意思疎通が成立します。もしかすると、見つめ合うだけでわかりあえるかもしれません。もはや言葉すら不必要という状況です。

ところが、相手がエイリアン（異星人もしくは地球外生命体）となると、話は大きく違ってきます。われわれと彼らの距離は計り知れないほど離れています。

地球人と友好関係を築きたいのか、もしくは開国を迫っているのか。単に休憩《きゅうけい》基地がほしいだけなのか……。相手が何を言いたいのかを正確に理解しなければなりません。

ここにポイントがあります。**相手の意図を読み取ることが最優先となる状況への対応能力が問われているわけですが、この能力こそが大学入試の国語で測られるものなのです。**

いま大学受験を突破して、経済学部に入学したとします。マルクスの『資本論』を読む講読授業があったりします。二〇〇年くらい前のドイツ人だかイギリス人だかわからない髭面《ひげづら》のオジサンが難しいことを書いている。しかし、現在や未来を知るためには歴史にも目を向ける必要があるので、それを理解しないと前に進まない。

もちろん原文のドイツ語や、ニュアンスの近い英語で読めることが理想です。しかし、それにはかなりの準備や能力が必要となります。ならば、せめて日本語の訳本でもよいから読解できるくらいの能力は持っていてほしい。そうした大学教員の要望が見えてきますね。

他の学部でもまったく同じです。社会学部だと、文化人類学者・レヴィ＝ストロースの著作くらいは読めてほしいと教員は求めます。フランス語は無理でも、せめて日本語訳では理解してほしい。理系の学部でも、日本語の基礎的な論文であれば、ある程度正確に読める知識や理解力が大学入学時に求められます。

現代文の入試に用いられる文章が、社会科学や自然科学の分野から引っ張ってこられることが多いのも、肯《うなず》けることと思います。

では、大学入試で求められる知識や能力とは、どのようなものでしょうか。ここからは高校の国語学習や大学入試で求められる力がどういうもので、それが成人してからの読解力にいかに活用されているか、また活用すべきかをお話ししたいと思います。

まずは国語の教員が最もよく言う言葉の一つ、「論理」とは何かを説明することから始めてゆきます。

「論理」とは何か？

先述の「相手の意図」を読み解くためにはちょっとしたコツが必要で、そのキーワードが

「論理的に発言する」とは、巷《ちまた》でも頻繁に聞くフレーズです。会社で「論理的」に伝えることが大切、と耳にタコができるくらい聞かされている方も多いのではないでしょうか。

論理は、英語では「logic」です。ギリシア語の「logos」が語源です。ギリシア語では動詞が「legein」、つまり「集める」という意味です。多種多様な事物で溢《あふ》れかえっている中から、意味のある、あるいは必要とされるものを集めることを言います。

身近な例で説明しましょう。いま服を揃《そろ》えようと思います。そこで、「ズボン」と「シャツ」に「ジャケット」という素材を集めました。しかし、どこか物足りない。そこで、ここに「ネクタイ」を組み合わせると、「正装」になりました。

また、朝ごはんを食べようと思います。そこで、「お味噌汁」と「焼き魚」に「卵焼き」という素材を集めました。でも、まだピンときません。しかし、ここに「ご飯」という主食を加えると、立派な「朝ごはん」になりました。

次に、家を建てようと思います。床、柱、屋根の素材を集めてきました。でも、そのまま放っておいては意味を成しません。そこで、床、柱、屋根と順に組み上げます。すると「家」ができあがりました。

「論理」です。

ここで行なわれた行為は何でしょうか。注意してみると、一つの概念を作り上げるために、必要な要素を「集める」、そしてそれを「組み合わせる（積み上げる）」ことを行なっています。すなわち、これが「論理を築く」という中身なのです。それでは、「論理」を形成するための必要な要素を分解してみましょう。

「抽象」と「具象」

ここでのキーワードは、「抽象」と「具象（具体）」です。「抽象」と「具象」は、「わかりにくい」と「わかりやすい」という意味ではありません。身近な例で説明しましょう。

たとえば、「オレンジジュース」、「コーラ」、「コーヒー」という言葉があります。ここで共通する要素は、「飲み物」です。この場合、「飲み物」が「抽象」で、「オレンジジュース」、「コーラ」、「コーヒー」という素材が「具象」となります。

ここでも言葉の成り立ち、つまり語源を見てみましょう。「抽象（abstraction）」の語源は、ラテン語の「abstractus」です。その動詞は「abstrahere」となります。「abs-」は「離れる」、「trahere」は「引き出す」という意味です。

すなわち、「オレンジジュース」、「コーラ」、「コーヒー」という具体的なものから、「飲み物」という要素を引き出して離したことがわかります。もう少し適切な言葉を使うと「抽出」したことになります。これが「抽象」の本質的な意味です。

同じように「具象（concrete）」の語源を見てみましょう。同じくラテン語の「concretus」から来ています。「con-」は「共に」、そして「crescere」は「成長する」です。なお、「-tus」は過去分詞の語尾です。

つまり、「飲み物」という共通要素に、それぞれの個別的事象が加わって、「オレンジジュース」、「コーラ」、「コーヒー」という現実が成立しています。これが「具象」が示す、まさに具体的な世界です。

では、これらを文章で考えてみましょう。

喉《のど》が渇《かわ》いてきたので、自動販売機の前で思案しました。（抽象文）

オレンジジュース、コーラ、コーヒーがありました。（具体文）

「自動販売機の前で思案」という記述は少しわかりにくい抽象文ですね。ただ、後続のオレンジジュース、コーラ、コーヒーから、「飲み物」の選択で迷っているということが抽出できます。筆者の言いたいことを素早く摑《つか》むには、このように文章の言い換えに気づき、具体例から抽象文の内容を理解することが必要となります。

特に、入試問題では、筆者の主張を尋ねることが多いので、抽象文がターゲットになります。ただ、この文を「自動販売機の前で何を飲むか思案しました」というように修正すれば、抽象文自体で十分に意味内容が理解できるようになります。

このような場合には、国語の先生は、「具体例は読み飛ばすように」などと受験テクニックとして教えます。もっとも、入試に出題される文章は、わかりやすい文章であることのほうが少ないとも言えます。

もしわかりやすければ、出題ポイントがありません。少し悪文の行間を、言い換えや対比を利用しながら埋める力、コンピューターには解読しづらい内容を問うのが国語の代表的な問題となるのです。現時点では、世界最高性能の人工知能でも東大の国語入試には苦戦していると言われていますが、理由の一つがここにあります。

限られた試験時間の中では、筆者の主張である抽象文に着目して鉛筆で傍線を引きます。

そして、具体例を利用したり捨てたりするのが定石《じょうせき》なのです。

論理展開に配慮する力は、誰かに何かを伝えようとする際にも重要な力となります。すなわち、**自分の主張は既に決まっていますので、効果的な具体例をどう並べるか、がとても重要になってきます**。

そこで次にプロの作家の具体例の並べ方を考察してみます。

並べ方が大切①——現代文で考える

文章を書くプロは、どのように具体例を並べているのでしょうか。大学受験の国語では、名だたる文章家の作品が使われています。センター試験で出題された文章で考えてみましょう。

旅というものが日常生活からの離脱であることは、今も昔も変わらない。普段見なれているもの、身辺に見当たるもの、耳馴《な》れたもの、嗅《か》ぎ馴れたもの、触知し馴れたもの、それがまさに身辺そのものであるような物も人も、旅によって追憶の世界に送り込まれる。(杉本秀太郎『散文の日本語』による)

一文目の「旅というものが日常生活からの離脱であることは、今も昔も変わらない。」が抽象文になっています。「日常生活からの離脱」の解釈が必要になります。

二文目の「普段見なれているもの、身辺に見当たるもの、耳馴れたもの、嗅ぎ馴れたもの、触知し馴れたもの、それがまさに身辺そのものであるような物も人も」が、日常的なものの具体例を列挙しています。

そして「旅によって追憶の世界に送り込まれる。」が、「離脱」を説明しています。

簡単に要約すると、「旅は非日常的なものだ」ということがわかります。毎日、仕事とか家事とかの日常の些事《さじ》に追われているので、たまにハワイのビーチや山の温泉にでも脱出したくなるものです。

ここで、列挙されている具体例に一つずつ着目してみましょう。

まず、「普段見なれているもの」は、目を使っているのがわかります。「身辺に見当たるもの」も目。「耳馴れたもの」は耳。「嗅ぎ馴れたもの」は鼻。「触知し馴れたもの」は手、です。

つまり、「目」、「耳」、「鼻」、「手」の中に、共通要素が読み取れますね。そうです、「五感」なのです。「視覚」、「聴覚」、「味覚」、「嗅覚」、「触覚」の五つです。日常的に接しているものを説明するのに、うまく短文で列挙していることがわかります。

ここにポイントがあります。具体例を使うときには、長い文章を用いてきちんと説明する場合と、短い文章を列挙して説明する場合とに大別できます。

前者（長い文章）の場合は、ひとつの事象をより深く思索していく場合に効果的です。ただし、話が難しくなり聞き手が疲れてしまうという欠点があります。

後者（短い文章）の場合は、短文を羅列《られつ》していますのでリズム感が生まれます。テンポよく説明できる利点がある分、軽薄に感じられる危険性もあります。したがって、両者を効果的に組み合わせるのが好ましいかもしれません。

このようにして**プロの作家の書いた文章を解読することが、自らが成熟した書き手になっていくための王道です**。国語の授業と言えば読解中心で、文学作品の味わい方ばかりを教えられたことを思い出す人もいるかと思いますが、実は活かし方次第で、書き方の勉強にもなります。

「あの作家のあの言い回しを自分でも使ってみたいなぁ」という想いを抱いたことはありませんか。今一度、高校の教科書に登場した作家たちの著作を読んでみてください。以前よりもよくわかったというだけでなく、意外な発見や学びがあると思います。

先の具体例に戻りましょう。

・「普段見なれているもの」は目。つまり「視覚」。
・「身辺に見当たるもの」も目。これも「視覚」。
・「耳馴れたもの」は耳だから、「聴覚」。
・「嗅ぎ馴れたもの」は鼻だから、「嗅覚」。
・「触知し馴れたもの」は手だから、「触覚」。

丁寧《ていねい》に読み込むと、ここで意外なことに気づきます。視覚が二度も使われているのです。逆に、五感の「味覚」が欠けています。著者の方に難癖《なんくせ》をつけているようで心苦しいのですが、あまり整った文章ではないような気もします。あるいは、意図的にリズムを崩しているのかもしれませんが、あえて少し修正を加えてみましょう。

視覚に「普段見なれているもの」を採用したならば、「身辺に見当たるもの」を削除します。

次に聴覚の「耳馴れたもの」を置き、味覚の「食べ馴れたもの」を加えて、「嗅ぎ馴れたもの（嗅覚）」、「触知し馴れたもの（触覚）」と続けます。

こうすることで、「視覚」、「聴覚」、「味覚」、「嗅覚」、「触覚」と並び、美しい日本語になりました。すなわち、並べる順番や内容を意識することが大切なのです。

複合語でも同じことが言えます。たとえば、「現代日本」とは言いますが、「日本現代」とは言いません。

ちょっと考えてみると、「現代」は「時間」を、「日本」は「空間」を表わしています。「時空」という語があるとおり、「時間」と「空間」でしたら、「時間」を先に持ってくるのがルールです。

先に出てきた「衣食住」なども同じです。並べる際に「先に持ってくるルール」というのが、日本語にはあるのです。その他、「東西南北」、「心技体」、「心身」など、いくつも例が思い浮かびます。読み込む中で馴染んでくる部分でもありますので、ある程度の読書量も必要です。

並べ方が大切②——古文で考える

現代文の話ばかりになってはいけませんので、国語の一分野である古文でも取り上げましょう。『枕草子《まくらのそうし》』七十二段の「ありがたきもの」で考えてみます。しばしば学校の授業で扱われる題材です。

ありがたきもの。舅《しゅうと》にほめらるる婿《むこ》。また、姑《しゅうとめ》に思はるる嫁の君。毛のよく抜くる銀の毛抜。主《しゅう》そしらぬ従者《ずさ》。つゆのくせなき。かたち心ありさますぐれ、世にふる程、いささかの疵《きず》なき。（以下略）

「ありがたい」というのは現代語では感謝の意を表わしますが、古文では「めったにない」「めずらしい」の意で用いることが多い言葉です。したがって「ありがたきもの」は、「めったにないもの」という意味になります。しかし、このことが不明でも何とかなります。最初の文が抽象文になっていて、その後に、具体例が列挙されていることに気づけば、「ありがたきもの」の意味もわかります。

古文だとわかりにくいので、具体例を現代語に意訳しましょう。

「舅にほめられる婿」、「姑に大切にされる嫁」、「眉毛《まゆげ》がよく抜ける銀の毛抜き」、「主人の悪口を言わない家来」、「少しも嫌なところがない人」、「外見内面ともに美しく、世間を渡るのに、わずかな欠点もない人」。

今から千年くらい前の文章ですが、今の日本とそう変わっていない印象を受けます。舅にほめられているお婿さんって、あまり見かけませんよね。

姑に大切にされるお嫁さんも同じ。眉毛を抜くのに苦戦している女性もいるし、部下は上司の悪口を言います。完璧な人間はいないし、心身ともに美しく、社会で見事な立ち振る舞いをする人もなかなかいないもので、まさに「有り難い（存在するのが難しい）」ものです。

『枕草子』はブログ、「和歌」はツイッター

ただ、この並べ方にもちょっとしたミス（フェイント?）があります。つまり、「婿」、「嫁」、「家来」など人間を列挙している中に、「毛抜き」が間に割り込んでいるのです。

そもそも「毛抜き」は人間ではありません。清少納言《せいしょうなごん》の詰めの甘さと言ってもよいでしょうか。まあ、『枕草子』は平安時代に書かれたブログのようなものなので、文句を言ってもしかたありませんが。

平成に生きている女子高生で考えてみましょう。熱心な人は頻繁にブログの記事を更新しています。中をのぞいてみると、「チョ〜カワイイ」とか、「ビミョ〜」とか、「ウザ〜」とのみ書き込まれている場合があります。ちょっと垣間見《かいま》ただけでは意味不明ですね。

つまり、誰に対して可愛いのか、何が微妙なのか、どのくらいウザいのか、文脈を読み取ることができません。では、どうしてこんな文章を書くのでしょうか。その理由は簡単です。彼女の仲間内だけで、理解できればいいからです。ブログは半径二メートル半の身内だけで盛り上がるものと考えているからです。

これは『枕草子』も同じです。清少納言のブログを、見ず知らずの他人が読み解くには、けっこう努力が必要です。ある意味、彼女も真面目に書いていない(?)ので、並べ方もいい加減です。だからわれわれに読みにくくてもしかたありません。

さらに、家庭環境、交友関係、所属集団、彼氏の有無など、背景となる知識がないとよくわかりません。文章を理解するためには、こうしたバックグラウンドに関する知識が必要で、だから古文の授業では、背景についての丁寧な解説が入るのです。

中には当時流行していた歌のサビが書かれていることもあります。恋愛の歌が多いのですが、熱愛の歌もあれば失恋の歌もある。**つまり、昔も今も人はちっとも変わりません。**歌を歌うのが大好きで、熱烈なラブソングで相手を口説《くど》きます。それが「和歌」だと思ってください。

あるいは、和歌は昔の「ツイッター」であると言うこともできるかもしれません。ツイッターには一四〇文字という字数制限があります。同じように、当時の人たちは三十一文字の制限のある和歌の中に、身の回りのさまざまなことを織り込みました（ちなみに、三十一文字は「みそひともじ」とも読みます）。

かなり強引な説明ですが、昔の人も今の人も表現技術はあまり変わっていないのは確かです。**こうして、『枕草子』はブログ、「和歌」はツイッターと考えれば、気軽に古文に取り組むことができるのではないでしょうか。**

具体例を使って論を進める

今度は具体的な例を列挙しながら論を進める、という文章作法から学べる読解上のポイントを解説しましょう。

突然ですが、カレーの作り方でやってみます。レシピを記したこんな文章がありました。

まず、タマネギと肉をサラダ油で炒《いた》めます。タマネギは飴色《あめいろ》になるまで炒めましょう。次に、その他の野菜を加えて水を入れて煮込みます。灰汁《あく》はこまめに取りましょう。最後に、カレーのルーを入れて煮込みます。一度火を止めて冷めてから煮込み直すとより美味しくなります。

上記の文章は六つの文章で構成されていますが、皆さんはそれぞれの文の情報の重要度をどのように分析しますか？　レシピをきちんと理解するには、「まず」、「次に」、「最後に」と順序をマーキングすると、とてもわかりやすいですね。

こういう場合、それぞれのマーカーの直後に、重要な情報が書いてあるものです。そこで、カッコに入れて分解してみましょう。

①「まず」タマネギと肉をサラダ油で炒めます。
②「次に」その他の野菜を加えて水を入れて煮込みます。
③「最後に」カレーのルーを入れて煮込みます。

これらが最も重要な情報です。そのあとで、次の情報が続きます。

①タマネギは飴色になるまで炒めましょう。
②灰汁はこまめに取りましょう。
③一度火を止めて冷めてから煮込み直すとより美味しくなります。

と情報が付加されています。ここで、情報の重要度としては一段落ちるものが書かれている、つまり情報の格差が付けられています。日本語は英語に比べて情報の重要度が読み取りにくい言語だ、と言われています。

ちなみに、英語の場合は、それほど重要でない情報は不定詞や分詞構文で短く表現したり、従属接続詞に伴われた文（従属節）という形で表現され、最重要の情報（主節）と見た目にもわかりやすい格差が付けられています。

また、大切な情報ほど文の後ろに置かれたり、長く表現されるという、位置や長さの力学も存在します。ところが日本語にはこのような機能が明確にあるわけではないので、重要な情報を読み取るのに苦労します。

しかし、論理を示すマーカーや抽象から具象への流れなど、日本語の文体による格差に注目する習慣を付ければ、重要な情報をさっと読み取れるようになります。そのために国語を学ぶ必要があるわけです。

国語が苦手な人の共通点として「比喩」や「具体例」と本論（主張）の区別を付けるのが不得意という点が挙げられます。こういう場合、情報の重要度を判断し、筆者の主張を掴みながら読む習慣を身に付けることで読解力が飛躍的に向上します。

並べ方が大切③――漢文で考える

「具体的な例を列挙しながら論を進める」という文章作法は、漢文でも同じです。そこで、『孟子《もうし》』の「尽心上」を見てみましょう。白文《はくぶん》だと読みづらいので、書き下し文で示します。

孟子曰《いわ》く、「君子に三楽有り。而《しか》して天下に王たるは与《あづ》かり存せず。父母倶《とも》に存し、兄弟故《こと》無きは、一楽也。仰いで天に愧《は》ぢず、俯《ふ》して人に怍《は》ぢざるは、二楽也。天下の英才を得て、之を教育するは、三楽也。（以下略）」

書き下し文でも読みにくいかと思いますので、現代語に意訳しましょう。

「孟子はおっしゃいました。君子には三つの楽しみがあると」

まず、これが抽象文ですね。その後で、具体的に三つの例が挙げられます。すなわち、「一楽也」、「二楽也」、「三楽也」という例示です。

そこで、これらにカッコでマーカーを付けてみましょう。ただし、「一楽也」、「二楽也」、「三楽也」というマーカーは、それぞれの文の最後に打たれています。

これらを簡単にまとめると、

①家族が無事なこと。一楽。
②自分が清廉潔白であること。二楽。
③逸材を英才教育すること。三楽。

ということになります。

すなわち、君子の楽しみとして、まず「家族」。次に「自分」。ここまでは理解できます。そして最後に、「どこかから優秀な子どもを見つけてきて英才教育すること」と述べています。

漢文の背後にある「価値観」

ここで文章から少し離れて、その「構造」を見てみましょう。この文の配列から中国人特有の価値観を垣間見ることができます。

よく考えると、パーツが揃っていませんね。「家族」と「自分」まではわかります。自分に身近な例から始まりました。

そして、君子の楽しみなのだから、次に「民衆の幸せ」を並べるならば、理解できなくもありません。しかし、民衆は登場せず「天下の英才」が出てきます。つまり、突然のように「天才児の教育が大切」と孟子は言うのです。一見すると無茶な論理で組み立てたようにも見えます。

では、孟子はなぜこうした並べ方をしたのでしょうか。

第一の「家族が無事なこと」とは、家族を大切にするということです。ここでは「家族主義」と説明しておきましょう。中国人には、距離の近い人を大切にするという習慣がありま す。つまり、国より家族や友人のほうが大切。これが自分の家族から始まり、身内や友人へと次第に広がっていくのです。

そして第二の「自分が清廉潔白であること」は、「利己主義」につながります。清廉潔白であることを証明することによって、「己」を守ることができます。きちんとしている人に対しては誰も攻撃しません。

「他者」を重んじるのが「利他主義」、そして「己」を重んずるのが「利己主義」なのです。すなわち、利己主義とは決して「わがまま」という意味ではありません。そして、国より己(自分)のほうが大切という点では、先述の家族主義と重なります。

最後に挙げた第三の「逸材を英才教育すること」は、「面子《めんつ》」に関わります。昔も今も中国人の多くは「面子」を大切にします。孟子は孔子《こうし》の正統な継承者であるという面子を持っています。「孔子」や「孟子」の「子」は、「先生」という意味です。**優秀な生徒を育てることで、先生としての面子が立つわけですね。**

また、逸材を教育する重要性は儒教思想そのものにも関係します。孟子は人の教育をとても大切に考えた学者でした。

たとえば、「孟母三遷《もうぼさんせん》」という言葉があります。孟子の母が子どもの教育を考えて、住む場所を三回変えたという逸話にちなみます。このエピソードは後世の作り話であるという説もありますが、教育には環境が大事という考え方は儒教の根幹に流れています。

そして「天下の英才」となった孟子は、自分が受けたような教育を施すことを「君子の楽しみ」にしてほしいと願ったのです。

このように、文章の配列から、筆者のみならず国や時代の価値観を読み取ることもできます。こうした価値観が、大学受験で学ぶ漢文の背景に通奏低音として響いているので、それをあらかじめ知っておくと、ちょっと難しそうな漢文も身近になります。これは、古文の時代背景を知るとよく理解できるのと同じ構造です。

ところで、受験国語でよく出題される知識問題についても述べておきましょう。国語の問題には、漢字の書き取りや国語常識などを問うタイプがあります。この中で漢字問題への対策は「単純に繰り返して覚えるだけ」です。このような問題は、**社会に出てから知らないと恥ずかしい思いをする、という観点（親ごころ）から出題されています**。

たとえば、「醤油」や「薔薇」という漢字は書けなくても支障ありませんが、読めなかったら恥ずかしいですよね。また、尾崎紅葉《おざきこうよう》の『多情多恨《たじょうたこん》』を読んでいなくてもまったく問題ないけれど、清少納言の『枕草子』の冒頭（「春はあけぼの～」）を知らなかったら少し恥ずかしいかもしれない。そうした日本人として母国語を操る上での必要最小限の「常識」も、国語では問うているのです。

「コミュニケーションツール」としての漢文

ここで受験国語の「構造」についても見ておきましょう。大きく分けて国語には、「現代文」「古文」「漢文」の三つのカテゴリーがあります。

この場合、「古文」では昔の日本人とのコミュニケーションを知る、また「漢文」では昔の中国人とのコミュニケーションを知る、という意味があります。そして既に述べたように、ここでは現代人とかけ離れてしまった異文化への「教養」的な理解も必要なのです。

現代の日本人にとって、異文化とのコミュニケーションを行なうツールとしては英語が代表でしょう。幕末に開国して以来、怒濤《どとう》のごとく英単語が押し寄せてきました。そして、それらの中にはそれまでの日本語では表わせない概念がたくさんありました。

現代ならば「global」を「グローバル」と表記するように、カタカナを利用することが普通です。しかし、明治の最初の頃は、知識人が頑張って苦労して日本語を作りました。

たとえば、「nature」を「自然」、「society」を「社会」、「economy」を「経済」といった風に造語したのです。こうした先人たちの努力の結果、大抵の英語は日本語に訳せるようになりました。これは後に、すごい効果を持つようになります。

すなわち、学生たちが専門的な勉強を始めるようになったとき、母国語である日本語のテキストを作ることができていました。**明治期の翻訳語のおかげで高等教育が非常に効率化したのです。**

ここでは当時の知識人が漢文を自由に操る能力を持っていたことが、大きく寄与しました。新しく誕生した漢語が近代日本の礎《いしずえ》を作るために重要なツールとなったのです。

二一世紀を迎えたこれからも新しい概念や知見が次々に出現します。その際に、英語で作られた概念をそのまま受け入れることができるように英語教育を充実させようというのが国策となりつつあります。

しかし、母国語で専門課程を学べるという世界できわめて稀《まれ》な環境を維持することも大切です。そして漢文の力は、専門的なことがらを日本語に置き換え、その知識を広く一般に普及させるための基礎となります。

大学受験に漢文がある背景には、こうしたエピソードのあることも知っておいていただきたいと思います。

最後に、論説と小説の違いについてお話しします。よく、「論説は論理を追い、小説は心理を追う」と言われます。論説における論理とは先述のとおり、筆者の主張を軸としたパーツを集め、積み上げることです。筆者の主張は一定不変ですので、いったん、それを掴むことができると比較的容易に全体を読み解くことができます。

一方、小説の場合は登場人物の心理が重要ですが、場面ごとに変化してゆく場合もあり、またそこに人間としての成長が垣間見られるところが小説の味わいであったりします。

さらに、小説には純文学と大衆文学という区分もありますが、一般に文学の色合いが濃くなればなるほど、その心理は直接描写されることは少なくなります。何でもない登場人物の行動や発言や情景描写に心理が込められる場合も多く、そこにまた文学の味わいがあるのですが、慣れていない読者には難しく感じられることもあります。

場面展開についても、論説文は基本的に時系列で記述されますが、小説の場合は回想シーンやフラッシュバックなど順番が前後することもあります。

したがって、小説や文学作品を楽しむためには、小説独特の文体に慣れる必要があります。そのためには一流と呼ばれる文章を読み、味わう体験を積み重ねることが必要で、名作と言われる作品は読破しておきたいところです。

文学というと身構えてしまう人もいますが、それを通していろいろな感情を体験できる、居ながらにして**日常とはかけ離れた境地の疑似体験ができる貴重な世界です**。さまざまな感情や個性に触れることは他者への共感力を育み、人生を豊かなものにしてくれます。

また、同じ本も年齢とともに味わい方が違ってくるものです。昔読んだ本を読み返してみてください。当時の読後感と比べてみることで自身の変化に気づくこともあるはずです。

まとめると、「どうして大学入試に国語があるの？」という最初の質問には、「時空を超えて他者とコミュニケーションを行ない、主張や感情を共有するための母国語の能力を測るため」という答えになると思います。

日本に暮らす人々にとっては、日本語がほとんどすべての情報受信と発信の基盤になります。こう考えて、国語に興味を持っていただき、今だからできる国語の学びをしていただければとてもうれしく思います。

第10章 英語

——受験時代の英語力を復活させる

昨今、いわゆる「グローバル化」の影響を受け、社内公用語に英語を使用したり、昇進にTOEICなどの英語の資格を課したりする企業も増えてきています。

こういった風潮に危機感を抱き、何かしなければいけないなと思っている方は少なからずいるのではないでしょうか。しかし、何から始めていいのかあまりわからないので、躊躇《ちゆうちよ》している方もいらっしゃると思います。

多くの場合、大学受験を終えた後には、「英語力」が順調に〝右肩下がり〟になっていきます。だから、「英語なんてもういいや！」という思考に陥《おちい》ってしまう人もいます。

しかし、頭の中には受験時代に培《つちか》ってきた英語力が眠っているのです。眠らせたままにしておくのはもったいなくありませんか？　日常生活のちょっとした「スキマ時間」を活用すれば、受験時代の英語力が徐々に復活します。さらに、英語力を向上させることも不可能ではないのです。もちろん、継続が大事であることはいうまでもありません。

本書をご覧になっているみなさんは、日頃忙しい毎日を過ごされていると思います。また、毎週の日曜日にみっちり一時間以上も勉強するのも大変です。**休日はできるだけ体も頭も休めたほうがいいでしょう。**

そこで、通勤中や通学中など、平日のスキマ時間を活用しましょう。ほんの少しの時間で眠っていた英語力は次第に「起き上がって」きます。通勤時間に、たった一〇分だけでよいので、英語に触れるのです。

一日に詰め込むのではなく、平日の五日間に分散させるわけです。しかも、その五〇分は一日に詰め込んだ五〇分とは別物ですし、倍以上の成果が期待できます。趣味のような感覚で持続させてください。

スキマ時間とは、具体的にどういうものでしょうか。

飲み会の帰りに終電を逃してしまったとします。タクシー乗り場に行くと、目の前には五人のタクシー待ちをしている人がいて、なかなか来ない。あるいは、電車のダイヤが乱れたり、病院の待ち時間が長かったり、日常ではこういう時間がたくさんあります。これぞ見事なスキマ時間です。

では、スキマ時間にどんなことができるでしょうか。英語力を復活させるために、いきなり英字新聞を読めと言われても、長続きはしないでしょう。まずは興味を引くものから始めてみましょう。

私がオススメしたいのは、ずばり「MANGA」です。「マンガかよ⁉」と思うかもしれません。しかし、次の英文を読んでみてください。みなさんがよくご存じのマンガの「英語版」にある、有名なセリフです。

① I have no regrets in my life.
② What's mine is mine. What's yours is mine.
③ When you give up, that's when the game is over.

何の漫画かわかりましたか?

①が『北斗の拳』のラオウの名言(わが生涯に一片の悔いなし)、②が『ドラえもん』のジャイアンの名言(おれのものはおれのもの　お前のものはおれのもの)、③は『スラムダンク』の安西《あんざい》先生の名言(あきらめたらそこで試合終了ですよ)です。どれも有名ですよね。

英語版のマンガは大手の書店であれば、すぐに手に入ります。しかもおおよそのストーリーはわかっていますから、きっと読みやすいと思います。そして一冊を読み切った際に忘れないでいただきたいことがあります。

それは一冊につき一つでもいいので、気に入った「セリフ」を覚えることです。まずは単語の意味や音声を辞書やインターネットなどできちんと調べます。もちろん文法事項も調べる必要があるかもしれません。そして最後に音読してみてください。ことばを見なくても言えるようになれば、それで終わりです。

この習慣を身に付ければ、何かしらの機会で英語を使わなければならないタイミングが訪れたときに、ひょっとしたら役に立つでしょう。

たとえば、安西先生のことばは、落ち込んでいるアメリカ人を励《はげ》ましたり、会社の業績が芳《かんば》しくないときに、同僚を奮起させるためにプレゼンのタイトルとして使ったりと、さまざまな場面で使えるのではないでしょうか。

ラオウの言葉は人生で一度しか使うタイミングがないかもしれませんが、“I have no regrets in my life.”のlifeという英単語をcompanyやschoolに変えれば、「会社（学校）に未練なし」という名言を残して、格好良く去ることができるかもしれません（笑）。

ただ、英語版のマンガを購入する際には一つ注意があります。それは「大人買いしないこと」です。私の経験上、大人買いをすれば所有欲だけ満たしてしまい、本棚に眠ってしまう可能性が高いと思います。

自分が中高生だった頃を思い出して「一冊ずつ」購入します。それを通勤中や通学中に持っているカバンに入れておくのです。きっと継続しますし、スキマ時間を埋めるのには最適です。

さらに時間が許せば、現在では海外ドラマや映画などが簡単に楽しむことができます。スマホを持っていれば、「dTV」や「Hulu」などの動画配信サービスが非常に安価で視聴できますので、そちらもオススメしておきます。もちろん、気に入ったセリフを覚えることは、マンガ同様にやってみてください。

要するに、いかにスキマ時間を英語学習で埋められるかが大切です。最終的には、手を洗ったり、歯を磨いたりするのと同じように、生活の一部になると、しめたものです。

第1節　「読む・書く」を蘇《よみがえ》らせる

英語学習では「四技能（聴く・話す・読む・書く）」が重要です。では、どうやってスキマ時間に四技能を高めていけるでしょうか。まずは「読む・書く」に注目してみることにします。

中学生の頃から大学受験まで、リーディングやライティングを中心に学んでいた方が多いはずです。学習を復活させれば、英語力が戻ってくるのを実感しやすいと思います。

先ほどオススメした英語版マンガなど、まずは気軽に始められるものから始めましょう。スキマ時間の使い方が上手になり、さらに英語が生活の一部になってくれば、次は英語ニュースです。インターネットを使えば、ほとんどが無料で読めますし、気軽に続けられます。少し上級者向けですが、オススメは「The Japan Times ST」オンラインや「NHK WORLD」などのホームページ閲覧です。

毎日ちらっと読むだけで語彙《ごい》が増え、英語力が向上します。もちろん英語学習だけではなく、海外のさまざまな出来事や事件など、日本の放送だけでは知ることができないことも発見できます。

加えて、毎日のスキマ時間に英語学習をする際、英語と日本語の違いも考えていくと、さらに英語に興味が生まれ語学力がアップすることでしょう。この目標に向けていくつか覚えておいていただきたいことがあります。

英語と日本語は違う！「名詞好きの英語」

英語と日本語は根本的に異なる言語です。こう言うと「当たり前だろ！」と言われそうですが、これが言語学習を行なう際の最初の立ち位置ではないかと思います。つまり、**英語の**

観点と日本語の観点が違っていて当たり前ということです。

たとえば、「あなたは歌を歌うのが上手いね」という日本語を英訳すると、日本人の大半は"You sing a song well."と訳します。ここに単語をただそのまま当てはめることから生じる落とし穴が存在するのです。

日本語の表現をそのままの英単語に置き換えるだけでは、不十分なのです。つまり、日本語をきちんと「英語のフィルター」に通さなければ、意思疎通《そつう》が上手くいかなくなる場合もあるのです。

ネイティヴスピーカーは、前述の日本語を"You are a good singer."と表現することが多いのです。少し不思議に感じませんか?

この英語を直訳してみると「あなたは良い歌手だ」となります。この日本語をプロの歌手に対して言うのだったらまだいいのですが、三歳の女の子ならば不自然になるでしょう。

ここに英語と日本語の違いが見られます。すなわち、英語では「名詞に意味を込める」ことが多いということです。また、形容詞を名詞に修飾させて、「形容詞+名詞」の表現をすることも多々あります。したがって、「君は嘘が下手だなぁ」という日本語も、英語にすると、"You are a poor liar."と表現するのです。

一方、日本語では述語（動詞）が中心になります。また、副詞を動詞に修飾させる「動詞＋副詞」の表現が、英語と比べると多くなります。

この「あなたは～が上手ね（下手ね）」の“You are a good ～.”や“You are a poor ～.”は非常に頻繁《ひんぱん》に使われる表現です。「料理が上手いね」なら“You are a good cook.”、「野球が下手だな」なら“You are a poor baseball player.”、などさまざまな英単語を実際に入れて使用してみてください。

英語と日本語の名詞の違い「可算名詞と不可算名詞」

前述したラオウの名言“I have no regrets in my life.”（わが生涯に一片の悔いなし）ですが、ここにも英語と日本語の違いがあります。

日本語で「お金がない」を、英語で“Money is no.”とは言えません。“I have no money.”と言うのが自然でしょう。名詞に意味を込めるので、“No money.”だけでも通じるのです。したがって、「悔いがない」は“I have no regrets.”と表現します。

ここで、受験英語を少し復活させてみることにしましょう。regretは「後悔・遺憾《いかん》」という意味の英単語です。このregretはなぜ複数であることを表わすsが付いているかわかるでしょうか？

答えの前に次の問題を解いてみてください。

問　次の①〜④のうち、空所に当てはまるものを選んでみてください。
“Hey!　You've got (　　　　) on your tie.”
「ねぇ、ネクタイに（タマゴ）がついているよ」
①　many eggs　②　several eggs　③　some eggs　④　some egg

正解は④の some egg です。簡単そうで難しい問題です。日本語と英語の違いを認識する上で、この問題は非常に大切です。

英語では、ハッキリとした輪郭《りんかく》を持ったものには、「数えられる」という考え方が発動して、名詞の前にaをつけたり、後ろにsをつけたりするのです。これは可算名詞と呼ばれます。

一方で、ハッキリとした輪郭を持たず、「概念としてのみ存在するもの、具体的な形が描けないもの、原形をとどめていないもの（または原形の一部）」には、数えられるという考え方が発動しません。つまり、「数えられない」わけです。これは不可算名詞と呼ばれます。

たとえば、peace（平和）は概念としてのみ存在することばなので数えられません。また、furniture（家具）は、具体的な形が描けるdesks（机）やchairs（椅子）と違って、机や椅子などを含めた「集合」になります。この具体性のない集合も、不可算名詞になります。

また、water（水）も原形がそもそもイメージできないです。だから数えられないのです。I ate a pizza. と言えば、ピザのワンホールを丸々食べたということ。I ate pizza. と言えばそのピザのワンホールの一部（原形の一部）で数ピースを食べたことになります。

では、問のeggの場合はどうでしょうか。eggを不可算名詞とすることで「原形をとどめていない」、つまり、ネクタイについたシミのようなものがイメージできるのです。逆に、①～③のようにeggsと可算名詞にすることで、ハッキリとした輪郭を与えてしまい、少々アクロバティックな会社員ができあがります。

日本語では、可算や不可算という概念が個々の名詞の形そのものを変えることはありません（複数であることを示すために「たち」をつけることはありますが）。だから、この問題が難しいと感じるのも、もっともなのです。

それでは、「わが生涯に一片の悔いなし」の答えに移ります。あの regret はなぜ複数形になっていたのか。それは自らの人生を振り返って、さまざまな具体的場面が頭の中で想起《そうき》されているからです。

たとえば、子どもの頃に母親とケンカしたとき、学生時代に好きな相手にフラれたとき、大人になってお酒を飲み過ぎてしまって次の日に大失態を起こしたときなど。

こういったハッキリとした輪郭を持つ具体的経験に対して、「後悔」がないから regrets と表わせるわけです。一方、一つ一つのハッキリとした具体性がない場合には、不可算名詞 regret が用いられます。

「私は犬が好き」？

もう少し、可算と不可算の理解を深めてみましょう。「私は犬が好きです」を“I like dog.”というのは、奇妙だというのがわかりますか？ 正しい表現は“I like dogs.”です。

これをI like dog. としてしまうと、実は「犬肉が好きです」とか「犬のフレーバーが好きです」と少々誤ったメッセージを発信しています。かなりの変わり者になりそうなので、注意したいですね（笑）。

逆に、数えられるということばかり集中しすぎるのも注意です。何でもかんでも名詞の前にaをつけたり、後ろにsをつけていると、同じく誤解される可能性があるのです。“I ate a chicken.”（ニワトリを一羽丸々食べた）は、よほどの大食漢《たいしょくかん》でない限り不自然になります。

また、“I ate chicken.”（鶏肉を食べた）が、より適当です。原形の一部をイメージさせる「リンゴが好きです」は、“I like apples.”と書くと、リンゴの輪郭がハッキリとし、際立ってきます。一つ一つのリンゴがイメージできて、私たちが普通に言うような「リンゴが好きです」を表わします。リンゴの輪郭を消して、“I like apple.”と書けば、「リンゴ味が好きです」とか「リンゴの香りが好きです」のような表現になるわけです。ここまで使い分けられるとかなりの上級者です。

みなさんもこの“I like ～”という表現を用いて、いろいろな名詞を使用して、可算や不可算という考え方を意識しながら文を作ってみてください。

このように「日本語と英語の違い」を認識すれば、英語学習に新たな価値観が生まれてくると思います。

受験時代の「読む・書く」を蘇らせ、さらに英語力を向上させるためにもう少し踏み込んでいきます。次は**「文化」という観点で英語と日本語は根本的に違うという立場を再認識してみましょう。**

英語版と日本語版の違いから見える文化的背景

現在では、全米で放送されるようになるほど、日本のアニメは注目されています。たとえば、『ドラえもん』もその一つです。しかし、実際に観てみると、かなりアメリカ様式にローカライズされていることがわかります。

たとえば、テーブルを囲んでいる場面では、お箸《はし》がナイフとフォークに変わっています。また、のび太が「ノビー(Noby)」、ジャイアンが「ビッグ・ジー(Big G)」など英語で発音しやすいようになっています。

これくらいの変更ならもちろん理解できます。しかし、これだけにはとどまりません。しずかちゃんは「おっとりとした」性格から「活発な」性格に変わっています。また、しずかちゃんの有名なシャワーシーンやジャイアンがのび太を殴るシーンがほとんどカットされています。ちなみに、前述したジャイアンの“What's mine is mine. What's yours is mine.”(おれのものはおれのもの　お前のものはおれのもの）は、ほぼ同じ表現で死守されています（笑）。

日本版とアメリカ版の違いを単純に楽しむこともできますが、こういった変更にはどのような文化的背景があるのか考えてみます。

「PC」の取り扱いには要注意

「PC」ということばを聞いたことがあるでしょうか？　パソコンではありませんよ！“Political Correctness”（ポリティカル・コレクトネス＝政治的な正しさ）のことを、略してPCといいます。わかりやすくいうと「（ことばが）差別・偏見のない、道徳的な観点から適切である、中立的である」という意味のことばです。

たとえば、スチュワーデスが「客室乗務員」、また、看護婦が「看護師」と呼ばれるようになりました。現代では男女を問わず、誰もがどんな職業にもつけるので、呼称としてジェンダーフリー（性差のない）なことばが使われるのです。ウーマン・リブで知られるように、多種多様な文化が混在するアメリカでは、特にこの動きが顕著なのです。

アメリカ版ドラえもんのさまざまな場面でも、このPCが適用されています。女の子がお

表1　よく使うＰＣの例

fireman（消防士）	fire fighter
policeman（警察官）	police officer
black people（黒人）	African American people
blind（盲目である）	optically challenged
handicapped（障がいのある）	physically challenged
Merry Christmas（メリークリスマス）	Happy Holidays

っとりとした性格でなければいけないというのは性的差別である。また、暴力シーンも道徳的には不向きであるといった具合に。アメリカの一般の親たちはＰＣに違反しているものを子どもたちに見せたくないのです。したがって、日本でお馴染みの表現などが見事にローカライズされているわけです。

わかりやすいＰＣの例を表1に挙げました。

クリスマスの時期が近づくと、ＣＮＮなどのアメリカのメディアではHappy Holidays（ハッピーホリデー）と挨拶《あいさつ》をします。実は、これはMerry Christmas（メリークリスマス）の代わりに使われることばです。

メリークリスマスという表現は、明らかにキリストにまつわる宗教的な意味を含んでいます。そこで、特にニュースをはじめとしたメディアでは、宗教的に「中立」な立場を保つために、Happy Holidayという表現を使っているのです。

もちろんＰＣもそれが行き過ぎると、逆に「どうなんだろう?」と思えるものもあります。たとえば、fat（デブ）という表現をhorizontally challenged（水平方向に試練を与えられた）、short（チビ）をvertically challenged（垂直方向に試練を与えられた）とするとどうでしょうか？ manhole（マンホール）をperson hole（パーソンホール）にすべきだと言う人も本当にいるそうです。

このままでは、日本語でも私たちのアンパンマンが「アンパンパーソン」になってしまう日もそう遠くはないかもしれません（笑）。

むやみに「オーマイゴッド！」を使ってはいけない

洋画を観ていると、よく耳にする表現があります。“Oh, my god!”（オーマイゴッド！）です。これがスラング（俗語）だということは、ご存じかと思います。もちろん、使用することそれ自体はそれほど問題ないのですが、ただし使い過ぎには、このPCの観点で注意が必要な表現です。英語圏において、この表現は耳にする機会（ティーンエイジャーの会話では特に）が非常に多いのですが、私にはほろ苦い経験があります。

私がカナダに留学していたときの話です。“Oh, my god!”を日本語でいう「マジで！」といった感じで、何気なく使っていたのです。ある日、ホームステイ先の家庭でパーティーが開かれました。三人兄弟の末っ子、ライアンがその日、五歳の誕生日だったのです。

ライアンの誕生会も中盤にさしかかったときに、彼のおじさんが二メートルもの大きな包み紙のプレゼントを持ってきました。中身はお世辞にも可愛いとは言えないクマのぬいぐるみだったのですが、不意に“Oh, my god!”を使いました。その後も、私は何かあるとその都度、“Oh, my god!”を連発していたのです。

パーティーも終わり、楽しかったなと一息ついていると、ホストマザーに呼び出され注意を受けました。そうです。“Oh, my god!”の件です。それまで家の中では、さほど使っていなかったのですが、その日ばかりはこれでもかというくらい使ったのです。

ホストマザーから「子どもの前ではあまり使わないでちょうだいね。おじさんもいたしね」と軽くお叱りを受けたのです。ライアンは五歳児でしたし、不細工な（笑）クマのぬいぐるみを持ってきたその足長おじさんは、毎週日曜日に必ずミサに行く敬虔《けいけん》なキリスト教徒だったのです。

きっと私はPCに違反したのでしょう。敬虔なキリスト教徒は、神様ということばを安易に使ってほしくはないはずです。また、子どもを持つ母親は、きちんとした礼儀作法、つまりPCを子どもに学ばせたいので、そういったスラングを使わせたくないのでしょう。

“Oh my god!”は“Oh my!”でわざと切ったり、“OMG!”と頭文字のみで表現したり、また“Oh my goodness!”や“Oh my gosh!”などとgodの代用としてgoodnessやgoshを使ったりする人も多いです。しかし、これでもやはりキリスト教徒の中には、嫌がる人もいます。そんなわけで、“Oh, boy!”を使用する人もいます。

仏教を知らないアメリカ人が「南無三《なむさん》」と言ったら、確かに違和感があります。日本人には英語のスラングを使いたがる人が少なからずいます。映画やドラマなどで頻繁に出ますし、使ってみたくなる気持ちも理解できます。私もその一人でしたから。

多くのアメリカ人は、日本人がスラングを使っても問題にしないでしょう。しかし、忘れてはいけないのは、不快もしくは、変だなと感じる人も確かにいることです。

英語でビジネスメールや手紙などを書く機会もあると思います。**やはり文字として書く際には、ＰＣに違反していないかを、十分に気をつけてください。**こちらにはまったく悪気がなくても不快な気持ちにさせて、関係が悪化してしまう場合もあるのです。

英語と日本語に「一対一」の関係はない⁉

日英差がわかる面白い映画を紹介しましょう。『タイタンズを忘れない』という映画です。

人種差別がまだまだ多かった一九七一年、米国ヴァージニア州の白人と黒人の高校生たちが、アメリカンフットボールを通じてさまざまな奇跡を起こしていく、といった内容の実話を元にしたものです。さまざまな年齢の方々に一度は観ていただきたい名画です。

ここで、名作タイタンズ（the Titans）から問題です。タイトルの名称はもちろん日本語ですが、英語のタイトルは何でしょう？　つまり、英語で「忘れない」とは？

"Don't forget the Titans" のように考えた方もいらっしゃるのではないでしょうか。実は、forget は使用せず、"Remember the Titans" なのです。ここで違和感を覚えませんか？　なぜ remember なのでしょうか？　ここでは日本語と英語の対応関係についてお話ししたいと思います。

私たちは英語でわからないことばに遭遇した際には、辞書を見てそのことばに相当する表現を調べます。ここで気をつけておきたいことがあります。それは**英語と日本語において、どんな文でも、それが単語であったとしても、「一対一」の対応関係というのは、ほとんど存在しない**ということです。いくつか例を挙げてみましょう。

マンションということばは、英語の mansion に由来します。ただし、ホーンテッド・マンション（お化け屋敷）ということばがあるように、mansion は「屋敷や大豪邸」を表わします。日本語でマンションというのは集合住宅を指しますから、英語では、apartment と表現するほうが、より近くなります。

結局、apartment＝マンションで、一対一ではないかと思われるかもしれません。実は、そうでもないのです。というのは、マンションとアパートという日本語でのイメージは乖離《かいり》しているにもかかわらず、このapartmentという英語は「日本語のマンションやアパート」を包括的にカバーする意味もあるわけです。つまり、英語のapartmentは、日本語のマンションとアパートに、ほぼ相当するということです。

また、私たちのよく知っている、“Come on!”という表現も同じく一対一ではありません。単に日本語の「来い！」という意味にとどまりません。調子が悪そうな相手に「元気出せよ！」、つれない相手に「ねぇねぇ」、相手の発言に抗議して「いい加減にしろ！」、サッカーでゴールを決めて「よっしゃー！」などの意味も包括するのです。もっとも、少しずつ発音のイントネーションは異なりますが。

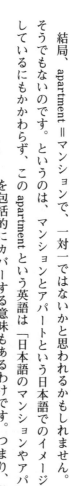

こういった事例から、言語学の研究者の中には、完全な対応関係があるのは「元素記号」のみだと語る人もいるくらいです。

「否定」が少ない英語

ここで、『タイタンズを忘れない』に戻りましょう。前述したとおり、日本語と英語は一対一ではないわけです。重要な差異は、英語は日本語に比べて否定語（no や not）の使用頻度が少ない点です（あくまでも相対的な観点ですが）。

したがって、Don't forget を使わずに Remember を使うのです。同様の表現として、有名な"Remember Pearl Harbor!"（真珠湾を忘れるな!）があります。

また、「その講義を理解できない」は"I can't understand the lecture."だけではなく、can't を用いずに、"The lecture is beyond me."という言い方が普通に使われます。beyond は「～を超えて」という意味の前置詞で、自分の理解能力を超えているということを表わしています。結局、日本語の意味では、「その講義を理解できない」ということになります。

さらに、free という英単語も、日本語の「自由な」とは必ずしも対応しません。この free という単語のイメージは「(マイナスなもの) がない」です。

したがって、「(束縛)がない→自由な」ということです。フリーペーパーということばでもわかるように、「(料金)がない→無料の」の意味にもなります。ジェンダーフリーだって「性別がない→性的な差別がない」という意味です。その他にもシュガーフリー(砂糖なし)、アルコールフリー(アルコールなし)、ファットフリー(脂肪分なし)など全部同じです。ファットフリーが「自由に太れ!」を意味するなんて誤解しないでください(笑)。

面白い例を紹介しましょう。「立ち入り禁止」はどう英語で表現するでしょうか? 日本語では「関係者以外立ち入り禁止」のような表現がほとんどで、それ以外にはあまり思いつかないのではないかと思います。

もちろん英語でも「否定語」を用いた表現はありますが、警察が事件現場に“Keep Out”と書かれた黄色のテープを貼るのは有名でしょう。その他にもさまざまな立ち入り禁止があるのです(表2)。

ジョークのような表現ですが、“Birds Only”という標識を私は実際に見たことがあります。

表2　いろいろな「立ち入り禁止」の言い方

否定語あり	否定語なし
Do Not Enter	Keep Out
No Entry	Keep Off
No Trespassing	Off Limits
No Admittance	Staff Only

こういった事例から、やはり日本語には「禁止」とか「～ない」のような表現が多いと感じませんか。何らかの否定を表わす際には、「否定語」を使うとどうしてもネガティヴなイメージが生じます（もちろん必要なことも多いですが）。したがって、時には「否定語」を使わずに、相手に伝える技術が必要となるかもしれません。

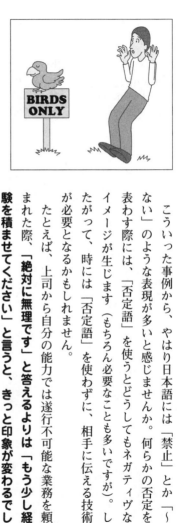

たとえば、上司から自分の能力では遂行不可能な業務を頼まれた際、**「絶対に無理です」と答えるよりは「もう少し経験を積ませてください」と言うと、きっと印象が変わるでしょう。**

第2節　「話す・聴く」を意識する

一昔前には、大学入試でリスニングを課すことはほとんどありませんでしたが、センター試験に「リスニング」が課されるようになって、すでに一〇年が経ちました。近年の英語学習にとって、リスニングは非常に大切なものになってきています。将来的には、大学受験に「スピーキング」も課されるような時代がおそらく来るのではないでしょうか。やはり英語学習には「四技能」が欠かせないのです。

リスニング力とスピーキング力の向上をさせるには、やはり実際に、人が話しているのを聴く必要があります。前述したように、動画配信サービスなどを用いて、海外ドラマや映画を視聴してみるとよいでしょう。

ただし、少なくとも同じ映像を三回は観てください。一度観た動画の「気に入った一場面」だけでかまいません。この際、字幕の使い方にポイントがあって、①日本語字幕②英語字幕③字幕なし、この順番で三回観るのです。

②や③は、最初はかなり苦労するとは思いますが、ストーリーが頭の中に入ってからならば、頑張れると思います。一音一音すべてを聴き取る必要はありません。大切なのは「日本語なし」で聴くのに慣れることなのです。

三度も同じ映像を観れば、印象的なフレーズに出会うと思います。各場面につき一つでかまいません。マンガ同様に、セリフを声に出して覚えてみましょう。

リスニングやスピーキング力の向上に、何よりも必要なのは継続です。平日のみで結構ですので、スキマ時間を活用して毎日五分でも続けてみてください。

母音《ぼいん》と子音《しいん》を意識する

音声を聴き取ったり、声に出して覚えたりするために、「発音」がとても大切になってきます。そこで、「話す・聴く」力を向上させるために、日頃からできる発音のトレーニングについて解説します（ここでは、より多くの方に読んでいただきたいので、発音記号を用いずにカタカナ表記をします）。

音声の中には、母音《ぼいん》（a, i, u, e, o）と子音《しいん》があります。まず、これらは、われわれ日本人があまり日常的に意識をしていない苦手分野です。まず、この母音と子音を意識してみましょう。

まず母音の問題を、受験英語から出題してみます。

> 問　次の①～④のうち、下線部の発音がほかの三つと異なるものを選んでみてください。
>
> ① over　② smoke　③ broad　④ boat

どうでしょうか？　日本語読みをすると、オーバー、スモーク、ブロード、ボート、です。すべて「伸ばし音」になって答えが出ません。正解は③です。オーバーは「オウヴァ」、スモークは「スモウクゥ」、ボートは「ボウトゥ」で、伸ばし音の「オー」となるのは「ブロードゥ」のみです。

この問題は母音の中でもかなり難しいので、間違ってもそれほど気にすることはありません。ネイティヴスピーカーに通じるからです（ただし、だからといって学ばなくてもよいということにはなりません）。

実は、しかし、この母音よりも先に、まず私たち日本人が取り組むべき発音は、「子音」の発音なのです。

再び受験英語から、子音の問題です。

> 問　次の①～④のうち、下線部の発音がほかの三つと異なるものを選んでみてください。
>
> ① hou_s_ing　② loo_s_e　③ pau_s_e　④ new_s_

日本語読みしていくと、ハウジング、ルーズ、ポーズ、ニュースです。そう思って、④にしてしまうと不正解です。アルファベットsの中には、日本語の「ズ」や「ス」に近い音がありますが、日本語ではこの区別がかなり曖昧《あいまい》になってしまっているのです。

このズとスの発音を、英語の音声で区別をきちんとすると、「ハウジング」、「ルース」、「ポーズ」、「ニューズ」で、正解は②になります。

したがって、「ルーズリーフを一枚くれない？」ではなく、「ルースリーフを一枚くれない？」が英語の音声としては正しいということです。同様に、阪神タイガー◯と言えば、かなりの人が◯の中に「ス」を入れてしまうでしょうが、実はこれも英語の音に忠実に言えば「ズ」なのです。タイガースファンには怒られてしまうかもしれませんが（笑）、少なくとも英語として発音する際には、これから気をつけていきましょう。

日本人の苦手な「t」の発音

数ある子音の発音の中で、日本人が苦手とする子音の代表格が実はtです。たとえば、train, bottle, street などのように、この子音tは日常よく見かけるような単語でも使われます。そして、私たち日本人の多くは、もれなくこのtを「ト」と発音してしまいます。おそらくは、train を「トレイン」、bottle を「ボトル」、street を「ストリート」という具合に。

実は、最大の問題点は、子音tの発音に母音の「オ」の発音を含ませてしまうことです。

子音をある程度、正確に発声することは、英語話者と意思疎通を図るうえで必須です。子音を意識していくことで、発音は急速に上達します。以前とはまったく異なる自分の発音にビックリするはずです。

それでは、このtの発音を学んでいきましょう。まずは「ター」と声に出してみてください。日本語の「ター」でかまいません。その「ター」から「アー」という音を発声しない（消す）ように心がけてみましょう。

上の歯の裏を舌で弾くような感覚です。どうでしょう？　上手くいけば途中で息が止まったような「トゥ」という発音になるはずです。前述したstreetは「ストゥリートゥ」という発音になれば問題なしです。

少しステップアップしましょう。tが単語の先頭にある場合、tの音は「チョ」や「ツィ」のように発音することが多いのです。たとえば、trainであれば「チョレイン」、teacherは「ツィーチャー」といった発音をします。

ネイティヴスピーカーがよく使うフレーズ“I'm trying ～.”なども同様に「アイム　チョライン～」と聞こえるはずです。

最後にもう一段上がってみましょう。アメリカ英語では、bottleのような真ん中にあるt

の発音の多くが日本語のラ行に変化します。したがって、bottleであれば、「ボロル」のような音になりますし、betterは「ベター」というよりは「ベラー」と発音してみましょう。かなり格好良くなってきたはずです。

「強弱のリズム」を意識する

きれいな英語の音声というのは、きれいな発音だけにはとどまりません。いくら発音がきれいでも、「イントネーション」や「リズム」にずれが生じてくると、とたんにコミュニケーションがとれなくなることがあります。むしろ、発音のキレイさよりも、イントネーションやリズムのほうが大切だとも言えるのです。

少し専門的な表現になりますが、「弱形」ということばを聞いたことがあるでしょうか？この弱形は英語のスピーキングやリスニングの上達にとって、非常に大切なものです。

たとえば、"This is a pen."という一文を発音してみてください。きっと「ディスイズ【ア】ペン」と発音します。もちろんそれは合っていますが、「ディスイズ【エイ】ペン」と言っても、実は間違いではないのです。実際、aという冠詞を強調するときは【エイ】とも発音します。

さて、この【エイ】と発音するのが、いわゆる、「強形（strong form）」と呼ばれるものです。一方で、私たちが一般的に発音する【ア】のほうは、前述している「弱形（weak form）」というものです。

また、"You are a good cook."を発音してみましょう。きっと「ユー・アー・ア・グッド・クック」と発音しますよね？　しかし、ネイティヴスピーカーは日常会話で、このように一音一音を発声しません。

ネイティヴスピーカーが発声すると、You areをYou'reの短縮形にして一語でほとんど発音するはずです。きっと「ヨア・グッドゥ・クック」と聞こえるでしょう。冠詞のaはほとんど聞こえないと思います。このareを「アー」と発音するのが強形で、短く「ア」と発音するのは弱形です。

ただ誤解しないでください。弱形というのは「小さな声」で発声することではありません。むしろ、大切なのは「短く曖昧」に発声することなのです。だから聞こえなくなることもしばしばです。

これが認識できるようになると、英語のスピーキングやリスニングにまさに革命的な違いがもたらされるのです。

表3　代表的な「弱形」

機能語	強形	弱形
a	エイ	ア
the	ザ	ダ
he	ヒー	イー
them	ゼム	ザム
is	イズ	ズ／ス
are	アー	ア
can	キャン	クン
does	ダズ	ドゥズ
of	オブ	オ／ブ
to	トゥー	タ
and	アンド	ン
but	バット	バ

二種類の英単語

英単語というのは、大きく二つに分けることができます。一つは「内容語」と呼ばれる、一般動詞・名詞・形容詞などの意味が大切な単語です。

もう一つは「機能語」と呼ばれる、冠詞・代名詞・be動詞・助動詞・前置詞・接続詞など、意味にそれほど重点を置かずに文法的な働きをする単語です。弱形の発音をもつのはこれら機能語です。代表的なものを挙げておきます（表3）。

日常会話で使っている弱形

実は、この弱形というのは私たち日本人が普段よく耳にする表現でもよく使われています。

中学生の頃に学んだo'clockオクロックという単語があります。三時だったらthree o'clockなどで使う単語です。

ところで、clock（時計）の前についている'o'って何だろうと、気になったことありませんか？　実は、この'o'というのは、of（オブ）なのです。このofは弱く発音されても意味が通じます。だから省略されて「オ」という発音だけが残ったのです。この「オ」という発音も「弱形」です。

ハロウィーンのカボチャの提灯《ちょうちん》である、Jack-o'-Lantern「ジャック・オーランタン」も同じです。

マクドナルドのフィレオフィッシュ（Filet-O-Fish）は"fillet of fish"（魚のヒレ〈切り身〉）のことですが、この「オ」も同じく弱形のofです。別の商品でチキンフィレオやえびフィレオもこのフィレオフィッシュの「フィレオ」に由来しているのでしょう。でも、和訳すると「鶏ヒレの（？）」や「えびヒレの（？）」となってしまいます。フィレオの独り歩きが起こっていますね（笑）。

「オ」をofの弱形と考えれば、正確には〝フィレオチキン〟や〝フィレオえび〟にする必要があります。ちなみに海外のマクドナルドではそれぞれChicken Filet、Shrimp Burger

として販売されています。

弱形を習得するゴールまでは、あと少しです。次のよくある日常会話のどこかに弱形の表現が三つ隠れています。どれでしょうか？

「昨日ね、実はラッキーなことがあったんです。夜にいつものあのショットバーでロックンロールを聴きながら、ジントニックを飲んでいたんです。そのとき、メニューを見てカレーライスをオーダーしようと思っていたら、横にいたキュートな女の子が……」

見つかりましたか？「ロックンロール」は英語では“Rock 'n' Roll”と書きます。この'n'って実はandなのです。それが弱形で「ン」という発音しか残らなくなります。

きちんとロック・アンド・ロールと一音一音、発音されることはほとんどありません。繰り返しになりますが、弱形というのは聞こえなくてもかまわないのです。

さらに「ジントニック」もメニューを見るときちんとgin and tonicと書いているはずです。「カレーライス」は、正確にはcurry and riceです。この二つはandの弱形が完全に消えているわけです。

ここにスピーキングやリスニングの上達のコツが存在します。**すべての単語が同じ強さで発声されるわけではない**ということです。

ネイティヴスピーカーの発音は聴き取り「にくい」ことがあると、よく言われます。しかし、そもそも「弱形」なのですから、発音していない（聞こえない）こともしばしばです。だから何も無理に聴き取ろうとしたり、発音したりする必要はないのです。**聞こえないものは、聞こえないのですから。**

「リエゾン」をモノにする

『スラムダンク』の安西先生の名言“When you give up, that's when the game is over.”（あきらめたらそこで試合終了ですよ）を発音してみます。「ウェン・ユー・ギヴァプ・ザッツ・ウェン・ザ・ゲイミィズ・オウヴァ」とすれば英語の発音らしくなると思います。

ところどころで音がくっついていることに、お気づきでしょうか。「ギヴ・アップ（give up）」と「ゲイム・イズ（game is）」の箇所です。このような音の連結を「リエゾン（Liaison）」と呼びます。

玩具メーカー『トイザらス』の「ザらス」って何かご存じでしょうか？　かなりの人が恐竜っぽく、「ザウルス」と思っているのではないでしょうか。私もその一人でしたから……。

実は、このザらスもリエゾンが適用されたことばなのです。英語ではToys “R” Usと書かれていますが、"Toys Are Us"（おもちゃは私たち）を表わしています（Rはareの意味です）。この三単語がリエゾンされて読まれていたのです。

知らないうちにリエゾンを発声している例もあります。"Shut up!"を発声してみるとわかりやすいですよ。「シャット アップ！」と発音する方は、ほとんどいないのではないでしょうか。きっと「シャラップ！」と発音するでしょう。

面白いことに、リエゾンを知らない人でも発音できています。ここではtとuがくっついてShutupと一単語のように発音するのです。真ん中にあるtの発音がラ行に変化するので、「ラップ」の音が出ていることにも気づけます。

以前、日本中を席巻した「アナと雪の女王」の主題歌"Let it go"も同じですね。「レリゴー、レリゴー」とみんな歌っていましたよね。これも同じでLet itが一単語のように発音されていますね。

ずいぶん前に、"What time is it now?"が「ホッタイモイジルナ（掘った芋いじるな）」という日本語で表現されていたのは、単に面白いというだけではなく、そう聞こえるという意味では、正しい英語との向き合い方なのかもしれません。

スキマ時間に「読む・書く」だけでなく、「話す・聴く」まで意識できると、みなさんの英語力は必ず進化します。繰り返しになりますが、語学学習で最も大切なことは『継続』なのです。

どうでしたか？　**英語ってけっこう面白いものです。**特に母国語と異なる言語を学ぶ中では、文化にまつわるエピソードをたくさん知ることができます。つまり、英語だけでなくコミュニケーション自体を学ぶことにもつながるのです。これに関しては鎌田浩毅・吉田明宏共著『一生モノの英語勉強法』と『一生モノの英語練習帳』（いずれも祥伝社新書）にも詳述してありますので、ぜひ参考にしてください。

今からでも英語を学習することは、まったく遅くないということが少しでも伝わったでしょうか。それこそ、“When you give up, that's when the game is over.”です。これからさまざまな語学を学習する上で、少しでもモチベーションにしていただければ幸いです。

あとがき——なぜ勉強をするのか

本書の最後で「なぜ勉強をするのか」について、もう一度考えてみたいと思います。ここからは私（鎌田浩毅）のこれまでの経験をもとに論じてみましょう。

京都大学の講義で学生たちにいつも言っていることですが、**一番大切なことは、「活《い》きた時間」を過ごすこと**です。すなわち、何事を行なうにも、自分の過ごしている時間がつまらない時間ではなく、活き活きとした有意義な時間であってほしい、ということです。

毎年、京大生の副読本として用いている『成功術 時間の戦略』（文春新書）の第1章のテーマが、この「活きた時間」なのです。これは、対語《ついご》となる「死んだ時間」を人生から減らしてゆくことにもつながります。

もう一つ大切なことは、「時間というのは自分で決められる」ということです。すなわち、二四時間の使い方を自分が決める権利があり、常にイニシアチブを取ることができる、という人生の原理です。

そう思ってみると、自分の持ち時間を「死んだ時間」から「活きた時間」に変えることが可能になります。

たとえば、勉強についてもまったく同様です。何を勉強するか、どのような方法で勉強するか、いつ勉強するか、はすべて自分で決定できます。その結果として、自分はどのような人生を送ろうとしているのかも、本当はすべて「自分で決められる」のです。

そして重要なことは、「勉強が良い人生を形成する」という事実です。**勉強が楽しくなった人には、大きな幸せが訪れます。**英国の哲学者フランシス・ベーコンの説くように「知識は力なり」だからです。

さて、読者の皆さんの多くはさまざまな受験勉強を一所懸命にしてきたと思いますが、何のために勉強するのかについて、どれくらい真剣に考えてきたでしょうか。もちろん大学受験生にとっては「来年受験があるから」でしょうが、それだけではないはずです。その先、大学に入ってから一体自分はどうしたいのか？　これをしっかり考えてほしいと思うのです。

私たちが勉強するのは、大きく言うと、人類の遺産と財産を身に付けるためです。電車にしても携帯電話やインターネットにしても、みな科学技術の成果であり、哲学や思想にしても、私たちはみんな人類の遺産の上で生きています。

そのようなことをきちんと勉強すると、自分の中にある、まだ知らない能力をいくつも発見できるのです。つまり、自分の中に秘められた力が湧き出てくるのです。

私自身の場合、実は大学時代は勉強がそれほど面白くなく、社会に出て火山に巡《めぐ》り合ってから変わりました。ここではじめて、学ぶことが楽しくなったのです。その後、四〇年間も火山の研究に没頭し、そして今、京都大学にやって来て教えているわけです。

人類の遺産や知識の集大成を知らないと、学生に講義をしてもまったく迫力が出ません。つまり、専門以外のこともたくさん知るようになったがゆえに、教授になって皆さんに教えることができた、といっても過言ではないのです。

私の教育の基盤には、実は高校時代の受験勉強があります。だから勉強するというのは、自分を豊かにしてくれる素晴らしいことなのです。人類の遺産を知るはじまりが、大学に入るための受験勉強にあったのです。

人生の成功とは何か

私自身、日常生活の中で、「人生の成功とは何か」、ということをずっと考えてきました。それは三つあるのではないかと思います。一つ目は仕事についてです。高校生にとっては、勉強となるでしょう。二つ目は人づきあいです。いい人間関係の中で生きていくことができれば、人生はかなり成功とみなしてもよいでしょう。

三番目が趣味。趣味とは、好きなこと、楽しいことをすることです。本を読むのでもいいし、映画を観ることでもいい。美味しい食事をするのでもいい。旅行するのでもいい。それは、仕事とも人間関係とも違ったものですが、大切な人生のパーツです。

仕事、人間関係、趣味が満たされるというのが、成功の三つの要素ではないかと私はつねづね考えています。しかも、この三つの要素すべてが、実は受験勉強にも関係しているのです。「コンテンツ」と「ノウハウ」の両者が、これらの三つを導くためにとても重要だからです。よって、受験で得られることは、人生の成功にもしっかりとつながります。

さて、いま成功の要素を三点挙げましたが、では具体的にどうやって成功に到達すればよいのか？　私のお薦《すす》めは、自分の望む「できあがり」を最初にイメージしてみることです。イメージトレーニングです。スポーツの世界ではみんなやっているのを、ご存じでしょうか。

かつてオリンピックの女子フィギュアスケートで荒川静香《あらかわしずか》選手が、ものすごく熾烈《しれつ》な争いの中で金メダルを取りました。彼女は自分が滑る姿をビデオに撮《と》って研究し、理想の滑りをイメージしながら、最終的にリングの上で金メダルを勝ち獲ったのです。

これと同じように、**まず大学合格をイメージしてください。自分が志望校に合格し、来年後輩たちに何かを楽しく伝える姿を、ここでイメージするのです。**

もう一つ、合格に向けて大事なことは、習った良い方法はすぐさま実行してみることです。普段学校や塾の先生から受験に必要なテクニックをたくさん教わっていると思います。それらは、自分で実行してみなければ意味がありません。成功のイメージを持ちながら、習ったことを一つずつ実行していくとよいのです。

まとめると、その①まず成功のイメージを持つこと、その②必ず実行してみること、となります。

「好きなことより、できること」

通常の進路指導では、「好きなことを見つけて、その方向に行きなさい」と言いますが、**私は「好きなことより、できること」と京大生たちに指導しています**。

私は高校のとき、文科系の科目が好きでした。しかし、人名や年号を覚えるのが苦手で、世界史や日本史よりも、ある公式がわかれば解けるという物理や化学が得意でした。そこで、好きな文科系よりも、合格する確率の高い理科系を選んだのです。

また、当初は東大理科一類を目指していたのですが、受験直前になっても偏差値が上がらないので、さっさと理科二類に変えました。理科二類は生物系で、生物はまったく知りませんでしたが、とにかく東大に入ろうと思ったのです。つまり、最低限の条件だけを満たして、とりあえず前に進もうという考え方です。

第1章でも解説したように、これを私は「不完全法」と呼んできました。日本で暮らしていると、われわれはつい完璧主義になりがちですが、大学の進路指導では完璧主義をやめて、とりあえず入学できる大学に入るというフレキシブルな考え方でいいと思います。

大学に入れば、本当は、どうにかなります。途中で専攻を変えてもいいし、今は学部が文系でも、大学院で理系に進む学生も多い。**専攻はいくらでも選び直せるし、もっと言えば、人生そのものが、いくらでも選び直せるのです。**

したがって、最初に決めた目標にこだわる必要はまったくないのです。

私はいつも「人生は偶然に満ちている。その偶然を楽しめるかどうかがポイントだ」と言います。実際、これは地球科学に関連した話でもあります。

人類のルーツは今から三八億年前にあります。地球は四六億年前に誕生しましたが、三八億年前にはすでに生命が誕生していました。この三八億年の間、とてつもない天変地異がありましたが、生命は死に絶えていません。事実、二億五千万年前の古生代の終わりに突然火山が噴火して生物の九五%が死滅して中生代になりました。

さらに、六五〇〇万年前の中生代の終わりに巨大な隕石《いんせき》が降ってきて、恐竜が絶滅して新生代になりました。そのような事件が五回も起き、そのたびに多くの生命が絶滅したのです。そして、ここで生き残った少数が、次代の世界で天下を取ったのです（鎌田浩毅著『地学のツボ』ちくまプリマー新書を参照）。つまり、地球の生命はさまざまな偶然が左右するなかで、皆しぶとく生き延びてきたわけです。

ですから、われわれがここに存在することは、取りも直さず「偶然」のおかげなのです。すると、人生も偶然を楽しむことができるかどうかが一番大事であることも理解できるでしょう。**出会った先生や、出会った授業が面白いと感じたら、迷わずそちらに進んだほうが良いのです。**

偶然をプラスに捉える

実は、私が火山学者になれたのも偶然です。私自身は、大学時代は火山の「か」の字も知りませんでした。しかし、とりあえず就職しようと通産省（現・経済産業省）に入り、いつの間にか研究所に配属されました。その最初の年の出張で九州の阿蘇山に登ったときに火山の虜《とりこ》になり、あれよあれよと言う間に火山学者になりました。私を連れていってくれた方が、素晴らしい教育者だったのです。

ですから、何でも本物に出会い、優れた先生に出会うことが人生ではきわめて大事です。そうすると、何歳だろうと勉強が面白くなります。私の場合は、それが就職一年目の冬に起きました。

よって高校生が今、面白い科目に出会わない、あるいは読者の皆さんが高校生だった当時に出会えなかったからといって、それほど心配する必要はありません。大学で出会うかもしれないし、社会で出会うかもしれないし、これから出会うかもしれません。

チャンスは一生涯にわたって訪れます。ぜひ、こうしたチャンスに気づき、それをものにするための好奇心や知性を持ち続けるようにしましょう。

そのポイントは、偶然を必ずプラスに捉えることです。つまり、自分が人生で出会うことはすべて意味がある、と考えるのです。そうすると、人生はいっぺんに楽しくなります。

最後に、勉強に関して伝えたいメッセージがあります。いつも京大生にも言っていることですが、「ノブレス・オブリージュ」という言葉があります。これはフランス語で、「地位ある者は責任を伴う」という意味です。

昔、ヨーロッパの貴族は、普段は遊んでいても、いざ戦争が起きると、領民を守る義務を果敢に果たしました。

京大生は国家から良い教育を与えられているので、社会に出てから人々に還元する義務があります。実は、京大生に限らず、すべての高校生にも同じことが言えます。この世で命を授《さず》かり、無事に高校に通っているだけで、ノーブル（高貴）な存在と言えるからです。

三八億年の生命を受け継ぎ、生きているだけで、本当はすべての人がノーブルなのです。そもそも高校生が何のために勉強するかというと、いずれ自らの能力を発揮し、社会に出て還元するためです。それがノブレス・オブリージュの本来の意味だと私は思います。

そして実は、社会に還元すること自体が、人生で最も楽しいことなのです。このことを高校生や大学生をはじめとして若者にはぜひ伝えたいですし、この本を読んでおられるビジネスパーソンには、改めて実感していただき、後輩たちに伝えてほしいと思います。

合格に必要なのはビジネスマインド

さて、本書の読者には、大学受験はとうの昔に過ぎた人も少なからずいるでしょう。実は、ここで述べていることは大学受験以外の各種の受験にも当てはまります。

現在、ビジネスパーソンが試験を受けるのは、昇進のため、転職のため、スキルアップのため、資格コレクション充実のため、はたまた人に自慢したいために……。各種試験に挑戦する理由はさまざまでしょう。しかし、試験に合格することは、あくまで一つの手段にすぎません。

最初に押さえておきたいのが、「試験をなぜ受けるのか」という点です。第1章で述べたように、自分の得意分野、すなわち武器を身に付けることが第一の人生戦略であり、受けようとしている試験がその戦略に合致しているか、をはっきりさせるのです。

そのあたりを曖昧《あいまい》にしたまま試験にチャレンジしても、ただの資格マニアになるだけです。合格証は、居酒屋で酒の肴《さかな》になるかもしれませんが、本当の人生目標を達成する手助けにはなりません。

受験の目的を明確にしたうえで、その後の試験勉強は、徹底的に効率主義で取り組むことが肝心です。たかが試験とはいっても、いったん受けるとなると膨大《ぼうだい》な時間とお金とエネルギーを費やすことになるからです。

そして、**採点する側が求めることに対して、ピンポイントで的確に答える**。そのための準備を普段からコツコツとする。英語なら、まんべんなく単語を覚えるのではなくて、「出題される単語」から優先して覚える。このように試験勉強は、とてもシンプルな原理で成り立っているのです。

私は中学生のころ、学校の先生から「英語と数学はコツコツ勉強しなければいけませんよ」と教えられました。言われてみると、たしかにそのとおりです。日本史や生物の定期試験なら、試験前日に一夜漬《づ》けで暗記すれば、そこそこの点数を稼ぐことができます。

しかし、英語や数学は違います。一晩だけ努力したところで、問題をすらすら解くことは不可能です。階段を上っていくように、勉強を毎日積み重ねる必要があるのです。

当時の私が、英語力アップのために活用したのが英検（実用英語技能検定）でした。語学には「読む」「書く」「聞く」「話す」の四要素がありますが、英検の問題は、これらをすべて押さえています。ちなみに二〇一六年度より、当面は合否判定には利用しないものの、5級と4級においてもスピーキングの試験が加わります。

また、試験日程が年三回と決まっているので、試験日を目標にして勉強計画が立てやすいのも魅力です。そして書店で過去問題集や参考書が簡単に手に入るので、取り組むべき内容もはっきりしています。現在では「聞く」と「話す」に対しても、優れた教材がたくさん用意されています。

英検対策の勉強を続け、級位を上げていけば、無理なく英語力をアップできるはずです。つまり、**「資格を取る」という発想で、一四歳の私は英語力を高めることにしたのです**。中学生ながらもビジネスマンみたいな考え方をしていたと思います。そしてシステマティックに英語を勉強した結果、中学二年で3級に、高校一年で2級に合格しました。資格を得るプロセスに伴って着実に英語力を身に付けることができたのです。

私の英検体験は、試験に関する二つの事実を表わしていると思います。一つは試験という具体的な目標を設定することで合理的な勉強ができたこと、もう一つは、合理的な勉強をすることが、結果として試験合格の近道であったということです。

そして試験勉強には「こうすると効率的だ」というノウハウが必ずあります。このノウハウを徹底的に活用すれば、ラクに資格を取ることができるのです。

自分を「プロデュース」する

ともあれ、勉強に完璧主義は不要です。細部に捕らわれると全体が見えなくなります。とにかく必要なところだけ勉強したら、あとはそれ以上勉強することはありません。もしまだ勉強し足りない気分があれば、他の新しい試験勉強にトライしたほうが賢明でしょう。

何でも完璧にしなければ気が済まない人がいます。それは、こと試験勉強について言えば、時間と労力の無駄でしかないのです。試験は「ドライに取り組む」、というのがキーワードです。徹底的に効率主義で、ドライに割り切る。合格さえすれば、満点でもギリギリでも、資格としてはまったく同じことなのですから。

ただ同時に、何でもそうでしょうが、一所懸命やらなければ成果は得られないものです。そして大学受験の受験勉強は数年くらいで済むのです。そして、そのうちの一年でよいから、がむしゃらに取り組んでみることも必要です。

何よりも、**受験勉強は自分を「プロデュース」する壮大な実験です。こういう機会は長い人生でもそうあるものではありません。**そして大学受験という経験が人間を大きく成長させるのは本当です。

日本人は受験勉強について誤解をしているから、すぐ「いったい何に役立つのか」などと疑うのです。しかし、チャレンジしないで一生を過ごすのはどうかと思います。私自身は正面から受験に向きあい、真剣に勉強したおかげで、今、とても面白い人生を歩んでいます。

受験勉強に対して誠実に取り組んでみれば、将来ためになることが必ずあります。これだけは間違いありません。

最後になりましたが、本書の完成まで研伸館の森俊夫さん、今村朗さん、吉田明宏さんの皆さんには大変お世話になりました。また、『一生モノの英語勉強法』『一生モノの英語練習帳』に引き続いて三冊目となる祥伝社新書の編集作業で、同社の高田秀樹さんにも非常にお世話になりました。これらの方々へ深甚なる感謝の意を述べたいと思います。

京都大学の研究室で若者たちの未来を考えながら

鎌田浩毅

索引

〈か行〉

〈さ行〉

〈た行〉

〈は行〉

〈ま行〉

切り取り線

★読者のみなさまにお願い

この本をお読みになって、どんな感想をお持ちでしょうか。祥伝社のホームページから書評をお送りいただけたら、ありがたく存じます。今後の企画の参考にさせていただきます。また、次ページの原稿用紙を切り取り、左記まで郵送していただいても結構です。

お寄せいただいた書評は、ご了解のうえ新聞・雑誌などを通じて紹介させていただくこともあります。採用の場合は、特製図書カードを差しあげます。

なお、ご記入いただいたお名前、ご住所、ご連絡先等は、書評紹介の事前了解、謝礼のお届け以外の目的で利用することはありません。また、それらの情報を6カ月を越えて保管することもありません。

〒101―8701（お手紙は郵便番号だけで届きます）
祥伝社新書編集部
電話03（3265）2310
祥伝社ホームページ　http://www.shodensha.co.jp/bookreview/

★本書の購買動機（新聞名か雑誌名、あるいは○をつけてください）

＿＿＿＿新聞の広告を見て	＿＿＿＿誌の広告を見て	＿＿＿＿新聞の書評を見て	＿＿＿＿誌の書評を見て	書店で見かけて	知人のすすめで

★100字書評……一生モノの受験活用術

名前

住所

年齢

職業

鎌田浩毅　かまた・ひろき

京都大学大学院人間・環境学研究科教授。1955年生まれ。東京大学理学部卒業。専門は火山学・地球科学。世界的研究で得た理系的な勉強法と仕事術を提唱する「科学の伝道師」。京大での講義は圧倒的人気を誇る。著書に『一生モノの勉強法』『一生モノの超・自己啓発』『成功術 時間の戦略』『ラクして成果が上がる理系的仕事術』『地学のツボ』『富士山噴火』『火山はすごい』など。共著に『一生モノの英語勉強法』『一生モノの英語練習帳』（いずれも祥伝社新書）がある。

一生《いっしょう》モノの受験活用術《じゅけんかつようじゅつ》

——仕事に効く知識とノウハウ

鎌田浩毅《かまたひろき》　研伸館《けんしんかん》

2016年5月10日　初版第1刷発行

発行者……………辻 浩明

発行所……………祥伝社しょうでんしゃ

〒101-8701　東京都千代田区神田神保町3-3

電話　03(3265)2081(販売部)

電話　03(3265)2310(編集部)

電話　03(3265)3622(業務部)

ホームページ　http://www.shodensha.co.jp/

装丁者……………盛川和洋

印刷所……………萩原印刷

製本所……………ナショナル製本

Printed in Japan　ISBN978-4-396-11464-0　C0237

〈祥伝社新書〉
大人が楽しむ理系の世界

419
1日1題！ 大人の算数
あなたの知らない植木算、トイレットペーパーの理論など、楽しんで解く52問
埼玉大学名誉教授 岡部恒《つね》治《はる》

338
大人のための「恐竜学」
恐竜学の発展は日進月歩。最新情報をQ&A形式で
北海道大学准教授 小林快次 監修
サイエンスライター 土屋 健 著

080
知られざる日本の恐竜文化
日本人は、なぜ恐竜が好きなのか？ 日本の特異な恐竜文化を言及する
サイエンスライター 金子隆一

318
文系も知って得する理系の法則
生物・地学・化学・物理——自然科学の法則は、こんなにも役に立つ！
元・慶應義塾高校教諭 佐《さ》久《く》 協《やすし》

430
科学は、どこまで進化しているか
「宇宙に終わりはあるか？」「火山爆発の予知は可能か？」など、6分野48項目
名古屋大学名誉教授 池内 了《さとる》